그렇게 말하지 말아요

● 아무도 상처받지 않는 가족의 대화법 ●

그렇게 말하지 말아요

김석준 지음

위북

이 말만은

'믿고 거른 말 한마디'.

이 책을 쓰기로 하면서 제일 먼저 떠올린 제목이다.

대화법에 관한 책을 몇 권 낸 덕에 가끔 강연장에 서기도 했지만, 언어로 마음을 표현한다는 건 나에게 항상 아슬아슬하고 어려운 모험이었다. 나 스스로 누구보다 사랑하고 사랑받는다고 믿었던 이들과 말 한마디 때문에 불화를 빚기도 했다. 그때마다 뒤늦은 후회로 가슴을 치곤 했다.

'이 말만은 꼭 했어야 했는데' 혹은 '이 말만은 하지 말았어야 했는데'.

하지 않은 말은 만회할 기회라도 있다. 회한을 남기는 건 대개 하지 말았어야 할 말들이었다. 순간의 감정에 휩싸여 여과 없이 토해낸 몹쓸 언어가 사랑하는 사람들의 가슴에 대못을 박고 오랫동안 나 자신을 고통 속에 몰아넣었다.

이 글을 쓰는 지금도 엊그제 말실수한 일을 후회하고 있다. 비록 내 형제는 악의 없는 농담으로 받아들였다고 했으나, 스스로 '악의 없음'이란 결론을 내리기 전까지 감당해야 했을 질풍노도의 시간은 순전히 내 탓이다. 한번 입으로 뱉으면 주워 담을 수 없기에 무섭고 무거운 게 말이다.

부족하지만 이 책이 소통에 어려움을 겪는 독자들에게 작은 도움이라도 될 수 있기를 바라 마지않는다.

2023년 새해

김석준

차례

1부 ─────────────────── **가족의 탄생**

5부 — 갈등에서 소통으로 가는 최상의 표현 BEST 9

그래서 가족, 그러니까 가족

세상 모든 관계는 싸우면서 자란다. 상대와도 싸우고 자기와도 싸운다. 가까운 사이에서 갈등이 일어나는 원인, 다툼의 궁극적인 목적은 '제발 나를 알아달라'는 것이다. 우리는 상대가 미처 알아채지 못한 마음을 이해받기 위해 싸우고, 상대를 너무 사랑해서도 싸운다.

장벽을 허무는 언어는 서로의 마음 안에 있다. 그것을 꺼내 보일 용기가 없거나 듣기 좋은 말을 하는 습관이 몸에 배어 있지 않을 따름이다.

듣기 좋은 말이란 무엇일까?

갈등의 본질을 이해하는 말, 상대의 자존감을 보호하는 말, 희로애락에 공감하는 말, 대화의 행간에 숨은 진실을 알아주는 말,

나는 당신의 말을 듣고 있다는 사실을 알려주는 말, 어떤 상황에서든 한 편임을 알게 해주는 말이다.

소중한 사람끼리 상처를 주고받는 건 언제나 말 한마디가 부족해서다. '가족이니까' '사랑하니까' 믿고 거른 그 한마디가 남보다 못한 상처를 남긴다. 가족 간 대화에 훈련이 필요한 까닭이다. 원리는 단순하다. 아무리 가까워도 절대 하지 말아야 할 말, 꼭 해야 할 말을 가려서 하는 습관을 들이는 것이다.

가족은 필연으로 맺어진 관계라지만 엄밀한 의미에선 남이다. 다만 함께 지낸 시간과 환경, 경험이라는 공통분모가 타인과의 관계에 비해 이해의 폭을 넓혀주는 구실을 할 뿐이다.

가족관계란 것도 사회생활의 일부분이다. 식구끼리 밥상머리에서 오가는 대화에도 지켜야 할 매너가 있고 형제끼리 혹은 자매끼리 격의 없이 하는 말에도 넘어선 안 될 선이 있다.

남편이 아내를, 아내가 남편을 다 안다고 할 수 있을까? 부모는 자식을, 자식은 부모를, 형제는 형제를 얼마나 잘 알고 있을까? 매일 얼굴 보고 한솥밥 먹는 식구라도 실상은 서로에 대해 아는 게 많지 않을 수 있다. 우리가 안다고 생각하는 건 겉으로 드러난 모습에 불과할 뿐, 그 마음, 그 생각, 그 감정까지 내 속 들여다보듯 할 순 없다. 그러면서 서로를 잘 안다는 이유로 남보다 더한 상처를 주고받는다. 가족이니까, 인내가 깊을수록 상처도 오래간다. 오죽하면 누군가는 이런 말을 했다.

가족은 사랑해선 안 될 사람이라고.

말 한마디에 평생이 아픈, 아파도 참고 미워도 참는 세상에서 가장 가까운 타인. 그래서 가족, 그러니까 가족.

지금부터 하려는 이야기는 매일 지지고 볶다 울고 웃고 또 그렇게 살아가는 어느 한 가족에 관한 아주 평범한 스토리텔링이다.

●

장벽을 허무는 언어는 서로의 마음 안에 있다.
그것을 꺼내 보일 용기가 없거나 듣기 좋은 말을 하는 습관이
몸에 배어 있지 않을 따름이다.

●

사랑은 가장 가까운 사람인
가족을 돌보는 것에서 시작된다.
−마더 테레사

1부

가족의 탄생

불안한 출발

"아파트는 25평이고 대출금 갚으려면 5년 남았어. 날 선택한 걸 후회하지 않게 해줄 자신 있어. 결혼식은 우리 능력껏 간소하게 치렀으면 해. 평생 너 하나만 바라보고 살게!"

희중의 프러포즈는 그다지 낭만적이거나 감동적이진 않았으나 구체적이고 진정성이 있었다. 자동차 딜러로 일하는 그는 적어도 10년 후쯤 자기 사업체를 꾸려 독립한다는 목표가 있었다. 연수가 바란 결혼도 이런 것이었다.

부부가 공동의 비전을 추구한다는 건 얼마나 멋진 일인가!

그녀에게도 계획이 있었다. 현재는 유치원 교사로 일하고 있지만 언젠가는 자기 손으로 유치원을 세울 계획이다. 기쁘게 프러포즈를 받아들이면서 그녀가 내건 조건은 이랬다.

"자기가 독립하기 전까지 생활비는 절반씩 부담하는 걸로 해. 그리고 아기는 되도록 늦게 가지면 좋겠어."

이 대목에서 뜻하지 않은 변수가 생겼다.

"결혼하면 일 그만두는 거 아니었어?"

회중은 다소 실망한 기색을 내비쳤다. 그녀가 내조에만 전념해주길 바랐던 까닭이다. 하지만 연수는 전업주부로 살아갈 마음이 전혀 없었다. 기꺼이 자신의 꿈을 응원해줄 것이라 믿었던 그가 던진 물음은 짧은 순간 많은 생각을 하게 했다.

남편이 벌어다 주는 돈을 쓰면서 저녁마다 그가 퇴근해 돌아오기만을 기다리는 삶은 그녀의 계획에 없었다. 다른 어떤 이유보다도 그녀는 지금의 일을 사랑했다.

"내가 직장 다니는 게 싫어서 그래?"

"뭐, 꼭 그런 건 아니고."

그녀의 눈빛이 흔들리자 회중은 즉답을 피했다. 진실을 말했다가 결혼이 어그러질까 두려웠던 탓이다. 하지만 연수는 여전히 불안한 시선을 거두지 않았다.

"그런데 표정이 왜 그래?"

"네가 힘들까 봐 그러지."

"진심이야?"

"그렇다니까?"

그녀를 붙잡고 싶은 마음에 둘러댄 말이었다. 그리고 연수는 이 말을 곧이곧대로 믿었다.

부득이 살림하는 아내에 대한 로망을 접긴 했으나 희중으로선 썩 마음이 가볍지만은 않았다. 그는 삼남매의 장남이고 동생 부부가 부모를 모시고 산다. 제수더러 언제까지나 맏며느리 역할을 떠안으라고 강요할 순 없는 노릇이었다. 먼저 두 사람의 양해를 구해야 했다.

"형이랑 형수 편한 대로 해. 우린 당장 분가할 능력도 안 되는데 뭘."

"그러세요, 아주버님. 저도 불만 없어요."

다행스럽게도 동생 부부는 늦게 결혼하는 형의 사정을 이해해 주었다. 어머니 정 여사에 대해선 크게 걱정하지 않았다. 동생네가 나가 산다고만 하지 않으면 별문제 없을 것으로 생각했다.

"아무렴, 네가 우리 집 장남인데 오죽 상대를 잘 골랐으려고. 드디어 우리 집에도 맏며느리가 들어오는구나!"

정 여사는 첫마디부터 앞서 나갔다. 이제나저제나 맏아들이 결혼하기만을 손꼽아 기다려온 그녀였다.

"새 식구 들이려면 집수리를 좀 해야겠지?"

희중은 당황했다. 노골적으로 속내를 내비치는 어머니 앞에서 차마 있는 사실을 그대로 전할 수가 없었다.

"왜 대답이 없어?"

"그런 얘기까진 아직 안 해봤는데."

"결혼하겠다는 애들이 분가할지 합가할지 아무 계획도 없단 얘기야?"

실망한 정 여사 표정이 희중을 궁지로 몰았다. 드러내고 싶지 않은 진실이 그 심사를 꼬이게 만들었다.

"맏며느리라고 꼭 집에 들어와 살란 법은 없잖아. 재중이네도 있고."

"그럼 너희들끼리 따로 살겠단 얘기구나?"

"나중에 얘기해요."

입장이 궁색해진 희중은 일 핑계로 급히 본가를 빠져나왔다.

"쟤가 왜 안 하던 짓을 하고."

정 여사는 석연치 않은 아들의 태도에서 직감적으로 느껴지는 게 있었다. 매사에 의사 표시가 분명한 아들이 한사코 말을 에둘러서 하는 데는 이유가 있을 터였다. 의심은 새 며느리를 향했다.

지레짐작은
올바른 소통의 장애물

프러포즈는 가족 만들기의 첫걸음이다. 당사자들부터 요구 사항을 명확히 해야 갈등의 여지가 남지 않는다. 특히 분가나 합가, 출산 등 결혼 이후의 계획에 관해선 의사 표현에 숨김이 없어야 한다.

결혼을 약속한 상대 앞에선 자신이 현재 처한 상황이나 가족에 관한 일도 솔직하게 이야기할 수 있어야 한다. 상대방이 부정적으로 생각할 수 있는 문제라도 속단은 금물이다. 이 일만큼은 절대 안 굽힐 것 같았던 상대가 의외로 쉽게 마음을 접을 수도 있다. 당신이 그런 것처럼 상대는 당신을 사랑하니까!

수십 년을 타인으로 살던 사람들이 가족으로 묶인디는 건 대단한 모험이다. 어느 구름에 비가 숨어 있을지는 아무도 모른다. 지레짐작으로 대화를 회피하거나 두루뭉수리 넘어갔다가는 반드시 뒤탈이 따른다.

믿고 거른 말 한마디

딸이 선택한 상대가 장남이라 내심 탐탁지 않게 여겼던 윤 여사는 결혼하면 분가한다는 얘길 듣곤 태도가 달라졌다.

"애들 가르칠 줄만 알지 살림을 할 줄 알아, 뭘 알아? 시어른들께서 마음을 크게 써주셨구나. 양 서방도 사람이 아주 믿음직스럽더라."

희중이 다녀간 뒤론 자연스럽게 '양 서방'이 입에 붙은 엄마를 보자 연수는 문득 서글픈 마음이 들었다.

아버지가 살아 계셨으면 얼마나 좋을까?

아버지는 그녀가 초등학교에 입학도 하기 전에 사고로 세상을 떠났다. 시장에서 한복을 지어 팔면서 홀로 자식 넷을 키워낸 엄마는 어느새 칠순을 바라보고 있다.

"사돈어른이 강남에서 카센터를 하신다면서요? 맏며느린데 시부모 모실 부담도 없고, 그만하면 아가씨 결혼 잘하는 거예요."

"나도 몇 번 들른 적이 있는데 거기 사장님 인상이 점잖더라."

오빠네 부부도 호감을 나타냈다. 예비 시댁에 인사 가기 전까지만 해도 모든 게 순조로운 듯했다.

청담동 희중의 본가에는 이웃에서 양 회장으로 불리는 예비 시부와 예비 시모 정 여사, 예비 시동생 재중과 그 아내 경진이 아들 민혁과 함께 살았다. 재중 부부는 인사만 나누고 2층으로 올라가고 거실엔 예비 시부모와 연수 커플만 남았다.

"둘이 나란히 앉아 있으니 보기 좋구나."

양 회장은 흡족한 표정이었다. 첫눈에 맏며느릿감이 마음에 들었다는 뜻이다. 정 여사는 유독 그녀의 직업에 관심을 나타냈다.

"일하는 데가 유치원이라고?"

"예."

"결혼하고도 계속 다닐 생각이니?"

"네?"

"직장 말이다."

연수는 어쩐지 이야기가 이상한 방향으로 흘러간다 싶었다.

'말씀 안 드린 건가?'

희중을 돌아보았으나 마침 고객에게 전화가 걸려 와 핸드폰을 들고 거실을 나갔다.

"전 아직 거기까진⋯."

"맞벌이가 대세라곤 하더라만."

대답을 얼버무리는 그녀에게 정 여사는 계속해서 의미심장한 말을 꺼냈다.

"애 낳고 키우려면 마당 있는 집이 좋지 않겠니?"

대화는 점점 미궁으로 빠져들었다. 예비 시모가 무슨 뜻으로 하는 말인지는 짐작이 갔으나 연수는 이 상황이 이해가 안 갔다. 직장 문제도 그렇고 분가 문제도 그렇고 희중이 당연히 승낙을 얻은 걸로 알았다.

정 여사는 당혹스러워하는 그녀를 빤히 쳐다보았다. 지난번에 아들이 했던 말의 진의를 알고 싶은 것이다.

"강요하는 건 아니다. 편하게 생각하렴. 우리 그렇게 구식은 아니다."

"아직 구체적으로 생각을 안 해봐서요, 어머니. 희중 씨랑 의논을⋯."

시간을 벌어볼 겸 둘러댄 말이 오히려 상황을 더 악화시켰다. 하필 이때 희중이 통화를 마치고 돌아온 것이었다.

"얘기 다 끝내놓고 뭘 또 의논해? 우리 안 들어와, 엄마."

아들이 정색하고 뱉은 말에 정 여사는 얼굴에 웃음기가 싹 가셨다.

"너희끼리 이미 결정된 거였구나?"

"저, 어머니. 그게 어떻게 된 거냐면요."

연수는 사태를 수습하려 했으나 때는 늦었다.

"아니다. 이 얘긴 없던 걸로 하자."

'순진한 내 아들을 어떻게 구워삶았기에 시부모를 바보로 만들어?'

정 여사는 더 들어볼 필요도 없다고 생각했다. 설마 했던 의심이 확신으로 굳어졌다. 생각 같아선 어디서 배워 먹은 버릇이냐고 혼꾸멍내주고 싶었으나 자존심이 허락하질 않았다. 적어도 그녀는 며느리 시집살이 강요하는 시어머니 소린 듣고 싶지 않았다. 다만 속마음이 이렇다 저렇다 의논이라도 해주길 원했다.

맏며느릿감이 어쩔 줄을 모르자 양 회장이 편을 들고 나섰다.

"재중이네도 때를 봐서 분가시킬 생각이다. 편하게 생각하고 결혼 준비나 잘하렴."

"늦었으니 이만 가보도록 해라."

예비 시모도 점잖게 말을 건넸으나 이 상태로 청담동을 나온 연수는 아무래도 기분이 찜찜할 수밖에 없었다.

"어머님 아버님께 말씀 안 드렸으면 얘길 해줬어야지. 사람 난처하게 이게 뭐야?"

"우리 엄마 뒤끝 없어. 금방 풀리실 거야."

희중은 천하태평이었다. 모친에 대해선 자신이 잘 안다는 것이었다.

"그래도 내일 다시 찾아뵙고 사과드리는 게 맞지 않을까?"

"양가에서 결혼 허락까지 받았고 엄마 아버지가 편하게 생각하라는데 또 사과하고 그러면 너만 이상한 사람 돼."

"그런가?"

"내 말만 믿어."

연수는 긴가민가했으나 희중의 말을 믿기로 했다. 아니, 그렇게 믿고 싶었다. 결혼은 현실로 다가왔으나 아직 그녀는 오늘의 느슨한 태도가 몰고 올 후폭풍을 상상도 하지 못한 채였다.

나에게 사소한 문제가
상대방에겐 중요한 문제일 수도 있다

말로는 못 할 게 없다고 하지만 말로 하는 대화만큼 허점투성이인 것도 없다. 넘치면 넘치는 대로 모자라면 모자란 만큼 문제를 일으킨다.

타인과 타인이 처음 만나 긍정적인 관계 맺기가 어려운 건 자신에게 관대하고 타인에겐 게으른 인간의 습성 때문이다. 사람은 누구나 상대방의 마음 읽기에 서툰 면이 있다. 그런 이유로 아마존닷컴의 설립자이자 CEO인 제프 베이조스는, '똑똑한 사람이 되는 것보다 더 어려운 게 남을 배려할 줄 아는 사람이 되는 것'이라고 했다.

가족관계에서 흔히 저지르기 쉬운 착오 중 하나가 상대방도 내 맘 같으려니 하는 믿음이다. 남이라면 하지 않았을 실수는 가족 안에서도 하지 말아야 한다.

편 가르기

"애가 보통이 아니네. 발칙하게 거짓말이나 하고!"

정 여사는 생각할수록 분이 났다. 새 며느릿감 하는 짓으로 보아 얌전한 고양이 부뚜막에 먼저 올라앉게 생긴 것이다. 그러나 남편 양 회장은 오히려 그녀를 나무라고 나섰다.

"애가 똑똑하고 야무져. 그만하면 희중이 짝으로 부족할 게 없어요."

"괘씸해서 그러죠. 금방 들통날 거짓말을 왜 해?"

"듣자 하니 일부러 그런 것도 아닌 것 같더구만."

"아니긴 뭐가 아니에요. 순진한 녀석이 그 애 꾐에 넘어간 거라구요."

"당신 함부로 넘겨짚는 그 버릇 좀 고쳐요. 남의 자식 내 자식 만들기가 쉬운 일인가?"

"하이고! 누가 부처님 가운데 토막 아니랄까 봐. 남의 자식 내 자식 만들어 뭐에 쓰게요?"

정 여사는 버럭 볼멘소릴 내뱉었다. 50년을 같이 살아온 남편이 고작 얼굴 한 번 보고 새 며느릿감을 두둔하고 나서니 속이 뒤틀린 것이었다. 아들 녀석도 그렇다. 미리 언질이라도 줬으면 좀 좋은가.

새 며느릿감 앞에서 떡 줄 사람은 생각도 없는데 김칫국부터 마신 꼴이 돼버렸다고 생각하니 얼굴이 다 화끈거린다. 둘째네가 마침 그 자리에 없었으니 망정이지 망신도 그런 망신이 없을 뻔했다.

새 며느릿감에게선 이틀 사흘이 지나도록 감감무소식이디. 외며느리가 시집살이를 거부해도 할 말 없는 세상이란 건 안다. 그렇더라도 최소한 사과 전화는 할 줄 알았다.

노여움이 폭발하기 직전인 그녀는 맏아들을 집으로 불렀다.

"니들 분가하기로 한 거, 그 애가 먼저 꺼낸 말이지?"

"연수 아무 잘못 없어요. 내가 그러자고 했어."

그제야 어머니 정 여사의 심기가 편치 않은 사실을 알아차린 희중은 때늦은 임기응변을 발휘했다. 그러나 정 여사는 영 미심쩍기만 했다.

"그랬더니, 그냥 그러재?"

"왜, 또 무슨 말을 해야 해?"

두 마디 이상 둘러대지 못하는 건 고지식한 양씨 집안 장남 희중의 한계였다.

"무슨 애가 그렇게 경우가 없다니? 부모님 허락받자고도 안해?"

"결혼 우리가 하는 거야. 애들도 아니고 경우는 무슨 경우고 허락은 무슨 허락?"

정 여사는 듣는 족족 기가 찰 노릇이었다. 그런 그녀에게 아들이 넌지시 떠보는 말을 했다.

"엄마는 연수 어디가 그렇게 맘에 안 드는데?"

"속에 뭐가 들었는지 일일이 까서 봐야 아니? 하나를 보면 열을 알지."

"엄마가 무슨 도사라도 돼? 제발 노인네처럼 그러지 좀 마."

급기야 희중은 대놓고 짜증을 냈다. 자신이 사랑하는 여자를 깎아내리는 말투에 감정이 상한 것이다.

'아들 잘 키워봤자 남 좋은 일만 시킨다더니!'

자라를 거북이라고 해도 믿던 아들이 엄마를 구닥다리 취급하며 제 여자를 칭칭 싸고돈다. 정 여사로선 뒷목을 잡고 쓰러질 노릇이었다. 아들에게 받은 질문을 되돌려서 물었다.

"그러는 넌 연수 어디가 그렇게 좋은데?"

1초도 안 돼서 대답이 돌아왔다.

"나한텐 과분한 여자야."

"뭐?"

"부족한 건 나야. 연수 탓할 거 하나 없다고."

"너 그거 엄마한테 할 소리야?"

눈에 콩깍지가 씌어도 단단히 씌었다. 키워준 엄마한테 고작 한다는 말이 저 못났다는 얘기다. 그래도 어쩌겠는가. 부모가 반대한다고 들을 성격도 아니다. 정 여사는 감정을 억누르고 하려던 말을 마저 꺼냈다.

"애는 언제 낳는다니?"

"그걸 왜 엄마가 신경 써? 자꾸 그러니까 애가 주눅 들었잖아."

"주눅이 들어? 그런 애가 결혼 승낙도 받기 전에 분가하자고 남잘 꼬드겨?"

"꼬드기긴 누가 꼬드겼다고 그래? 내가 먼저 말했고 연수랑 나랑 생각이 통한 거라니까?"

"니들끼리 생각이 통했으니 부모는 안중에도 없다 이거네?"

"또 그 소리! 이래서 엄마랑은 대화가 안 돼."

천하 없이 착한 아들이 제멋대로 현관을 나가버렸다. 억장이 무너지는 정 여사였다.

대화할 때 반드시 옳고 그름이
중요하지 않은 경우도 있다

가족관계에선 더욱 그렇다. 진실을 살짝 비켜나더라도 지금 내 앞에서 하소연하고 푸념하는 상대를 위로하는 게 먼저다. 가장 효과적인 리액션은 우선 '당신이 옳다'고 말해주는 것이다. 이와 반대되는 말은 '당신이 틀렸어'가 된다. 감정을 이해받았다는 사실만으로 상대는 위안을 얻을 수가 있다.

양쪽 집안에 갈등이 생겼을 때 최악의 화법은 내 편, 네 편을 가르는 표현이다. 남편 혹은 아내가 무조건 자기 집안 식구를 감싸려고만 드는 건 오히려 갈등의 골을 더 깊게 만들 위험이 따른다. 중립적인 태도를 유지하는 것도 문제 해결에 별 도움이 안 된다.

이때 두 사람이 취할 태도는 한 가지다. 꼭 편을 들어줘야 한다면 남편은 처가 쪽 편을, 아내는 시가 쪽 편을 드는 것이다. 어설픈 중재자 역할은 '이 사람은 누구 편이지?' 의심이나 반감을 키울 뿐, 부부관계에도 실익이 없다.

낄 자리 안 낄 자리

"상견례 시간은 점심으로 할까요, 저녁으로 할까요?"

"쓸데없이 아랫사람 고생시키는 거 아니다. 제때 퇴근은 시켜야지."

정 여사가 말꼬리를 잡아 내세운 아랫사람은 운전기사를 가리킨다. 연수는 조금 억울한 감이 있었으나 내색하지 않았다. 안 그래도 분가 문제로 예비 시모한테 밉상으로 찍히지 않았던가.

상견례는 대체로 낮에 한다는 건 그녀도 알고 있었다. 간혹 저녁 시간을 이용하기도 한다기에 예의상 의견을 구했을 뿐이다.

"제 생각이 짧았어요, 어머니. 점심 식사 자리로 알아볼게요. 식당은 어디로 정하는 게 나을까요?"

그간 청담동을 몇 번 드나들면서 깨우친 게 있다면 정 여사는 말대꾸를 용납하지 않는다는 점이었다. 이게 아니다 싶으면 군말 없이 실수를 인정하고 넘어가는 게 정신건강에도 이로웠다.

"뭘 자꾸 물어. 밖에서 먹는 밥 다 거기서 거기지."

정 여사는 무뚝뚝하게 말을 뱉었다. 큰며느리 들어오면 잠깐이라도 데리고 있다가 제대로 살림을 차려 분가시킬 요량이었다. 그랬는데 벌써 저희끼리 입을 맞춰놓고 안 그런 척 시치미를 뗀 게 영 고까운 까닭이었다.

"메뉴는 일식이 나을까요, 아니면 한식이나 중식이 좋을까요?"

연수는 나름 살갑게 말을 꺼냈으나 이번엔 대답을 들을 수조차 없었다. 알아서 하라는 뜻인지 아닌지 도무지 예비 시모 의중을 종잡을 수가 없다. 호텔 뷔페를 떠올리며 망설이고 있을 때였다.

"K호텔 어떠세요, 어머니?"

다과를 챙기는 척 눌러앉은 둘째 며느리, 연수에겐 장차 손아랫동서가 될 경진이 은근슬쩍 대화에 끼어들었다.

"저 결혼할 때 상견례 했던 중식당이요. 아버님도 좋다고 하셨잖아요. 요새 웬만한 집안은 다 거기서 가족 모임 한다던데요?"

그제야 정 여사가 입을 열었다.

"음식도 그닥 나쁘진 않더라만."

"그렇죠?"

자기는 알지도 못하는 장소를 두고 경진과 정 여사의 대화가 오고 가는 사이 연수가 끼어들 공간은 없었다. 그러다 문득 정 여사가 혼잣말처럼 중얼거렸다.

"강북에서 오시려면 사부인께서 불편하실 텐데."

순간 연수는 귀가 솔깃했다. 엄마를 염려하는 말투 때문이었을까? 왠지 모르게 가슴이 뛰었다. 살얼음판을 딛는 것처럼 조심스러웠던 예비 시모와의 대화가 비로소 편안해지는 기분이 들기도 했다. 길게 생각할 것도 없이 냉큼 그 말을 받았다.

"집에 가서 말씀드려 볼게요."

"그럴래?"

"예, 어머니."

예상에 없던 일이지만 이왕 이렇게 된 이상 엄마를 설득해볼 생각이었다. 그러니 이쯤에서 이야기를 마무리했으면 이날의 대화는 완벽하게 마무리되었을 터였다.

"어머! 여기 후기랑 댓글이 장난 아니네요. 서비스도 이만한 데가 없어요, 어머니!"

정 여사와 그녀를 번갈아 보면서 예비 손아랫동서가 호들갑을 떨었다.

"날짜가 얼마 안 남았다면서요? 서두르셔야겠어요."

명색이 손윗동서 자리건만 호칭은 아예 생략한 채였다. 저대로 두면 당장 예약이라도 하자고 밀어붙일 태세다.

'가만 있어야 해? 말아야 해?'

어차피 신랑 측과 가까운 곳에서 상견례를 할 거라면 선택의 여지가 없긴 했다. 하지만 오지랖에도 정도가 있는 거다. 연수는 못 들은 척 그녀를 무시하고 자리를 털고 일어날 채비를 했다.

"내일 전화로 말씀드릴게요, 어머니."

"그래라, 그럼."

예비 시모가 고개를 끄덕였다. 연수는 그대로 현관을 나섰다. 그런 그녀를 경진이 뜨악한 시선으로 바라보고 있었다.

'대체 내가 뭘 잘못한 거지?'

좋은 사람 노릇이
반드시 좋은 관계로 이어지진 않는다

조언은 말 그대로 '도움말'을 해주는 것이다. 상대방이 도움을 청하지 않는 이상 모르는 척 입 닫고 있는 게 매너. 의도가 좋다고 변명의 이유가 될 순 없다.

말이 많으면 탈도 많다. 낄 자리 안 낄 자리 분간 못 하고 아무 데서나 튀려고 드는 사람을 '진행병 걸렸다'고도 한다. 대화 상대가 단둘이거나 여러 명이거나 진행병에 걸린 사람은 아무 거리낌 없이 소통의 맥을 끊는 버릇이 있다. 문제를 해결할 능력이 자기한테 있다고 확신하기 때문이다.

그러나 오해 마시라. 친절이 도를 넘으면 오지랖이 된다.

상견례 자리에서
할 말 안 할 말

상견례를 양가 가족들 인사시키고 함께 밥 먹는 자리 정도로 알았던 건 연수와 희중의 착각이었다.

강남 K호텔.

신부 측에선 어머니 윤 여사와 장남 현수 부부가, 신랑 측에선 양 회장 내외가 둘째 아들 부부를 데리고 상견례에 참석했다.

"연수 양이 누굴 닮았나 했더니 사부인을 닮아 이렇게 훌륭하게 자랐군요."

"희중 군을 가족으로 맞아 저희가 아주 기쁩니다."

예비 사돈 간에 의례적인 덕담이 오가고 신랑신부가 가족들을 소개할 때만 해도 분위기는 그럭저럭 화기애애했다.

"한복집 하신다구요? 사부인 혼자 고생 많으셨겠네요."

"고생은요, 자식 키우는 게 다 그렇죠."

"맞아요, 사부인! 자식 키우는 게 도무지 쉽지가 않더라구요. 그래도 뭐 어쩌겠어요? 부모한텐 자식이 상전인데. 마음은 태산이라도 애들이 하자는 대로 따르는 수밖에요."

"무슨 말씀이신지?"

"사부인도 알고 계셨잖아요. 애들 분가하는 거. 저희는 나중에야 알았답니다."

"아, 예…."

안사돈의 상냥한 말투에서 묘한 뉘앙스를 감지한 찰나.

"평양감사도 저 싫으면 도리가 없다잖아요."

덧붙여진 한마디가 의미심장했다. 윤 여사에게 이 말은 '당신 딸이 내 아들 자취하던 집에서 궁색하게 신혼살림을 차려도 자업자득이니 원망하지 말라'는 얘기로 들렸다.

가까스로 감정을 억누르고 있는 사이.

다른 한쪽에선 양가 며느리들이 입방정을 떨었다.

"사실 우리 아주버님 사윗감으로 탐내는 집안이 많았답니다. 연분은 따로 있나 봐요."

"우리 아가씨도 이쪽에서 거절한 선 자리가 꽤 돼요. 그러니까 사람 일은 모른다는 거 아니겠어요?"

신랑 측 둘째 며느리가 떠벌리는 말에 신부 측 며느리도 질세라 응수하고 나섰다. 그렇게 자랑인지 재를 뿌리자는 건지 모를 이야기가 아슬아슬 줄을 타는 동안 예정된 식사 시간이 모두 끝나갔다.

"뭐 그런 사람들이 다 있어요? 평양감사? 나 참 기가 막혀서! 시집살이가 무슨 벼슬인가? 오늘 같은 날 그게 할 소리냐구요."

돌아오는 차 안에서 올케가 열을 올렸다. 그보다 연수는 엄마가 받아온 예단 목록에 더 신경이 쓰였다.

"저쪽 어머니가 뭐라고 하셔?"

집에 단둘이 남았을 때 조심스럽게 물었다.

"너 이 결혼, 꼭 해야겠니?"

한참을 침묵하던 윤 여사가 무겁게 입을 열었다.

"엄마 때는 혼수로 흔한 목화이불 몇 채를 장만할 형편이 못 됐어. 하는 수 없이 시부모님 이불만 목화솜으로 하고 시동생과 시누이들 건 자수로 베갯잇을 만들었단다. 그런데 동네 사람들이 자꾸 뒤에서 수군거리는 거야. '저 새댁은 시집오면서 베개만 잔뜩 해왔다며?' 그 얘길 듣고 창피해서 당최 돌아다닐 수가 있어야지."

그녀가 구태여 떠올리고 싶지 않은 수십 년 전 일을 꺼낸 건 그럴 만한 까닭이 있었다.

"아빠 없이 자란 딸 혼수라도 남부럽지 않게 해주고 싶다만 능력이 안 되는 걸 어쩌겠니? 자식 이기는 부모 없다지만 너까지 시집가서 천대받는 꼴 엄마는 죽어도 못 본다."

"그거 이리 줘봐."

연수는 엄마가 들고 있는 예단 목록을 빼앗다시피 낚아챘다.

"이게 다 뭐야?"

평양감사 운운하며 식구들 속을 있는 대로 긁어놓은 정 여사가 요구한 예단 목록을 확인한 순간 입이 떡 벌어졌다. 그 즉시 희중에게 전화를 걸었다.

"여기 적힌 예단 다 채우려면 백화점 명품관이라도 털어야 할 판이라고. 지금이 조선시대야?"

"그건 엄마 생각일 뿐이야. 넌 신경 쓸 거 없어."

"어떻게 신경을 안 써? 우리 집 형편 뻔히 알고 먹이려는 거잖아."

"내가 다 해결할게."

희중의 위로는 연수에게 아무런 도움이 안 됐다. 시모에게 미움받는 것쯤 얼마든지 감당할 수 있었으나 자기 때문에 상심한 엄마를 생각하면 가슴이 미어졌다.

"어째 하루도 그냥 넘어가는 날이 없냐…"

무심결에 터져 나온 희중의 탄식이 불안정한 그녀의 감정에 불을 지폈다.

말은 그 사람이 지닌
마음의 크기를 대변한다

마음 그릇이 큰 사람은 무엇보다 상대의 장점을 발견하는 안목이 뛰어난 사람이다. 남의 허물을 찾아내기 전에 잘한 일부터 새길 줄도 안다. 열 가지 단점을 가진 사람도 한 가지 장점은 있기 마련이다. 가족은 단점을 덮어주고 장점을 부추겨 가지를 뻗게 만드는 든든한 보호막이 되어야 한다.

자기감정에만 충실한 사람은 그만큼 남에게 상처 주는 말을 하기 쉽다. 못마땅한 점이 있다고 해서 여과 없이 속을 드러내는 건 가족을 남으로 밀어내는 일과 다르지 않다. 부정적인 생각일수록 마음에 담아두는 습관을 들이자. 마음의 문을 한 뼘 열어두기만 해도 그릇의 크기가 달라진다.

웨딩 블루
Wedding Blue

과연 이게 최선일까.

의심의 여지가 없던 선택에 회의감이 들기 시작했다. 희중이 양쪽 집을 오가며 두 어머니를 간곡하게 설득한 끝에 예단 문제는 일단락되었으나 연수는 결혼해서 행복해질 자신이 없었다.

잘못 꿰어진 단추는 갈아 끼우면 된다지만 결국 내게 맞지 않는 옷을 고른 거였다면?

결혼이 사랑의 완성은 아닐 수도 있지 않을까?

차라리 독신으로 사는 게 낫지 않을까?

희중과 함께 나간 동창 모임에서도 우울한 생각에서 벗어나질 못했다.

"만날 지지고 볶고 생난리를 치더니만 이것들이 드디어, 마침 내, 기어코! 스스로 무덤을 파는군. 어쩌자고 평생 한 침대를 쓰기로 했대?"

"이제부터 너희 둘이 검은 머리 파뿌리 되도록 산다는 게 뭔지 결혼의 진수를 보여줘 봐!"

친구들이 농담 반 진담 반 떠드는 말 가운데 희중과의 역사가 있었다. 지겹도록 싸웠으니 이젠 웃을 일만 있을 줄 알았건만 요즘은 싸우는 게 일상이 되어버렸다. 왈칵 설움이 솟구치는 연수였다.

"당분간 자기 못 만날 것 같아."

"왜, 무슨 일인데?"

"부탁이니까 아무것도 묻지 말고 그냥 날 좀 내버려둬."

희중은 어안이 벙벙했다. 결혼 날짜까지 받아놓고 얼굴을 보지 말자는 그녀를 대체 어떻게 이해해야 할 것인가.

'설마 다른 남자가…?'

온갖 의혹으로 하룻밤을 꼬박 새운 뒤 연수의 고교 동창인 현아를 찾아갔다. 절친이라면 뭐라도 아는 게 있지 싶었다.

"그거 웨딩 블루야!"

이야기를 듣고 난 현아는 대뜸 세 가지 근거를 들었다.

연수는 다른 남자를 만들 가능성이 제로라는 것, 웬만해선 '부탁'이란 단어를 쓰지 않는다는 것, 마지막 세 번째는 희중의 소개로 만나 결혼까지 한 남편과 예식을 앞두고 파혼 직전까지 갔던 자신의 경험담이었다.

"그땐 모든 게 의심스러웠어. 이 남자가 날 사랑하긴 하는 건가. 결혼해서 잘 살 수는 있는 건가. 정말이지 돌겠더라구. 다 때려치우고 도망치고 싶더라."

희중에게도 짚이는 장면이 없진 않았다. 친구들 앞에서 까닭 없이 웃다가 울던 그녀. 집 앞에서 뒤도 안 돌아보고 곧장 앞으로 달려가던 모습….

"독감 비슷한 거야. 죽을 만큼 힘들게 앓다가도 나처럼 괜찮아지기도 해. 연수 지금 많이 불안할 거야. 이 병엔 희중 씨가 의사야. 명심해. 감기로 죽는 사람도 있다잖아."

현아의 조언은 희중에게 스스로 자신을 돌아보게 했다. 문제를 해결하기에 급급한 나머지 정작 이 결혼의 당사자인 그녀의 고충을 헤아려주지 못했다. 일이 바쁘다는 핑계로 충분한 대화의 시간을 갖지도 못했다. 늘 그래 왔듯이 그녀라면 모든 걸 이해해주리라 믿었다.

유치원 퇴근 시간이 한 시간쯤 남았다. 희중은 급히 차를 몰아 그녀를 향해 달려갔다.

"무슨 일이야?"

건물 입구에 초조하게 서 있는 그를 발견한 연수는 두 눈이 휘둥그레졌다.

"혼자 마음고생하게 만들어 미안하다, 연수야!"

와락 그녀를 끌어안은 희중의 입에서 그동안 못다 한 말들이 쏟아져 나왔다.

"이런 나를 믿고 지금껏 함께해줘서 고마워. 그리고…!"

희중의 고백이 이어지는 동안 얼어붙은 그녀의 마음이 서서히 녹아들기 시작했다.

그로부터 한 달 후, 둘은 양가 친지들의 축복 속에 무사히 웨딩 마치를 울렸다.

사랑은 통찰보다
신뢰감을 우선으로 하는 감정이다

사랑은 강인함과 나약함을 동시에 지니고 있다. 강인함은 연인을 지키려는 의지로부터, 나약함은 그 선택의 가치를 확인받고자 하는 갈망에서 비롯된 감정이다.

결혼은 연애와는 또 다른 시작이기에 설레는 만큼 두려움도 크다. 여기에 상대방의 가족이 개입되면 고민은 가중될 수밖에 없다. 이런 유형의 갈등에 부닥쳐본 경험이 없기 때문이다.

"당신이 결혼을 결심한 결정적인 이유는 무엇입니까?"

어느 설문조사 기관에서 제시한 물음에 남자들은 대부분 '사랑하니까'를, 여자들은 '사랑하는 사람과 결혼하면 행복해질 수 있을 것 같아서'를 들었다. 바꿔 말하면 남녀 모두 현실과는 다소 동떨어진 이유로 결혼을 선택한다는 얘기가 된다. 웨딩 블루에 빠지는 건 이른바 '현타'가 왔을 때다.

남자의 경우 가장이 된다는 중압감이, 여자의 경우 앞날에 대한 불확실성이 결혼 전 우울증의 원인이 된다고 한다. 전문가들은 웨딩 블루를 벗어나는 가장 효과적인 방법으로 예비 부부 간의 소통을 꼽았다. 자신들이 불안해하는 문제가 실제로 발생했을 때 어떻게 극복할 것인지 현실적인 대화를 통해 서로에 대한 신뢰를 쌓아가라는 조언이다.

가정이야말로 고달픈 인생의 안식처,
모든 싸움이 자취를 감추고 사랑이 싹트는 곳.
큰 사람이 작아지고,
작은 사람이 커지는 곳이다.
−허버트 조지 웰스

2부

우리 가족
이대로
괜찮은 걸까?

관계에 철벽 치는 말,
관계를 이어 붙이는 말

뜻대로 되지 않는 게 인생이다. 결혼 3년 차, 예정에 없던 임신과 출산은 정교하게 돌아가던 일상을 송두리째 바꿔놓았다. 연수는 아이가 첫돌을 넘길 때까지만 친정엄마 윤 여사에게 도움을 청하기로 했다.

"말 안 해도 그럴 생각이었다. 괜히 돈 써서 사람 부를 거 뭐 있어?"

윤 여사는 흔쾌히 딸의 요청을 받아들였다. 불황으로 한복집을 접은 시기가 그녀의 출산과 맞아떨어졌다. 딸이 자기 일을 가졌다는 걸 무척 자랑스럽게 여기는 엄마였다.

덕분에 연수는 산후조리원을 나온 뒤 마음 편히 업무에 복귀할 수 있었다. 하지만 친정엄마가 집에 오지 않는 주말 육아는 오롯이 그녀 혼자만의 몫이었다. 남편은 비즈니스가 바빠 주말에도 집을 비우기 예사였고 아기는 시도 때도 없이 울고 보챘다. 안고 얼러서 겨우 재워놓고 나면 집안일이 산더미다.

휴일 오후.

한숨 돌릴 새도 없이 현관 벨이 울렸다. 시어머니 정 여사였다.

"집이라고 좁아터져서 원! 한여름에 답답하지도 않니?"

운전기사를 앞세워 물건을 바리바리 싸 들고 나타난 시어머니는 대뜸 인상을 찌푸렸다. 넓은 집 놔두고 사서 고생하는 아들 며느리가 여전히 못마땅한 것이다. 묵묵히 쇼핑백을 받아 한곳에 정리하고 있는 며느리 등 뒤에서 시어머니 음성이 들렸다.

"느이 아버지가 백화점에서 사 오셨더라."

"옷이랑 장난감 많은데 뭘 이런 걸 또⋯."

순간 연수는 아차 싶었다.

"어른이 주면 아무 소리 말고 받는 거다."

1초도 안 돼서 시어머니 잔소리가 날아왔다.

"죄송해요, 어머니."

"누가 들으면 못된 시어미가 며느리 구박하는 줄 알겠구나."

정 여사는 임기응변에 서툰 며느리를 향해 짧게 혀 차는 소리를 냈다.

아기침대에는 집안의 장손녀 은서가 곤히 잠들어 있었다.

"집에 큰 방이 없어, 작은 방이 없어. 할아버지가 우리 은서 놀

이방도 이쁘게 만들어줄 텐데, 그렇지?"

연수는 호랑이 시어머니 눈에서 꿀이 뚝뚝 떨어지는 걸 보다가 문득 한곳에 눈이 멎었다.

'설마 저걸 우리한테 주시려는 건 아니겠지?'

정 여사 낙관이 찍힌 한문 족자가 벽에 세워져 있다.

"그나마 벽에 걸 순 있겠구나."

시어머니가 눈어림으로 벽 크기와 족자를 비교해가며 하는 말이었다. 연수 입장에선 제발 틀렸기를 바랐던 예감이 적중해버렸다.

"맘에 안 드니?"

하지만 연수는 시어머니 물음에 자신의 속마음을 곧이곧대로 얘기할 수가 없었다.

"아니에요, 어머니."

성의를 거절하기도 어려워 애매하게 말끝을 흐렸다. 아기침대를 사이에 두고 시어머니와 마주 앉아 있자니 그렇게 어색할 수가 없었다.

"차는 뭘로 준비할까요?"

주방으로 향하려는데 정 여사가 자리를 털고 일어났다.

"차는 무슨. 은서 얼굴 봤으면 됐지."

"벌써 가시게요?"

"더 있으면 너도 불편할 거 아니냐?"

"그런 건 아니구요."

시어머니의 직설화법에 민망해진 그녀는 자기도 모르게 거실 벽에 걸린 시계 쪽으로 눈길을 던졌다.

"미리 연락을 주셨으면 희중 씨가 청담동으로 갔을 텐데…."

"애 아빠 된 지가 언젠데 아직도 호칭을 못 바꾼 게냐?"

호칭에 대해선 조심한다고 했건만 엉겁결에 말실수를 해버렸다. 하지만 시어머니 정 여사가 발끈한 건 다른 이유였다. 며느리가 송구해서 하는 말을 미리 연락하고 오지 않았다고 원망하는 걸로 오해한 것이었다.

서예 교실에선 시어머니 오는 꼴 보기 싫어 집에 없는 척하는 며느리도 있다는 기막힌 얘길 듣기도 했다. 그녀에겐 며느리가 뱉은 말이 웬만하면 집에 오지 말란 뜻으로 들렸다.

'정말 그런 건가?'

현관을 나서려다 말고 며느리를 뚫어져라 쳐다보았다.

"아범 밥은 먹고 다니니?"

빈말이라도 '저녁 드시고 가세요' 한마디 했다면 이런 말까지 나오진 않았을 거다.

마음에 없는 말이
항상 나쁜 건 아니다

때론 빈말이 고부 관계를 살리는 약이 될 수 있다. 오죽하면 '곰보다 여우가 낫다'는 말이 나왔을까.

며느리가 똑 부러지게 자기 할 도리만 하면서 '네' '아니오' 철벽을 치는 말보다는 시어머니를 기분 좋게 하는 빈말이 얼어붙은 관계의 윤활유 역할을 한다.

빈말이라고 아무 말이나 끄집어내라는 건 아니다. 포인트는 아쉬움을 공략하는 것이다. 주말에 시어머니가 집에 찾아왔다. 아들을 만나볼 수 있을 거란 기대가 왜 없겠는가. 하지만 며느리는 남편 없이 시어머니를 홀로 맞이하는 게 부담스러울 수도 있다. 이럴 때 '미리 연락하고 오시지 그랬어요' 대신 '늦게 올지도 모르는데 보고 가세요'라는 빈말이 관계의 지평을 열어주는 효능을 발휘한다.

부부는
이심전심이라는 착각

"어디야?"

"회사 앞."

"뭐 해?"

"친구 만나서 소주 한잔하고 있어."

"친구 누구?"

"뭘 다 그렇게 알려고 해."

"…토요일인데 늦어?"

"응."

'오늘만이라도 좀 일찍 들어오면 안 될까?'

연수는 마지막 말을 목구멍으로 삼키고 전화를 끊었다. 어젯밤 감기 기운이 있다더니 친정엄마 목소리에 힘이 하나도 없었다. 혼자 아이를 태우고 운전할 수가 없으니 늦게라도 잠깐 상계동에 다녀오자고 하려다 남편의 단답형 대꾸에 할 말을 잃었다.

일이 바빠 집에 신경 쓸 틈이 없는 건 안다. 그렇더라도 무슨 일인지 묻지도 않고 말문을 막아버리는 남편이 야속하지 않을 수 없었다.

'家和萬事成(집안이 화목하면 모든 일이 잘 이루어진다).'

시어머니가 선물한 족자를 쳐다보고 있노라니 한숨이 절로 나왔다. 서예 작품으로 벽을 장식하는 건 그녀의 취향이 아니다.

'아범 밥은 먹고 다니니?'

벽면을 가득 채울 만한 크기의 압도적인 글귀에 시어머니 목소리가 겹쳐 떠올랐다. '딸 같은 며느리' '아들 같은 사위'가 과연 있기는 한 걸까?

그런 식의 관계 묶음이 자식을 내준 어머니들 나름의 의지였든 희망 사항이었든 며느리는 며느리고 사위는 사위다. 시어머니와 친정엄마가 같을 수 없듯이.

"은서는 자?"

"응. 저녁은?"

"먹었어."

자정이 가까워 집에 돌아온 남편은 아이 안부만 묻곤 입을 닫았다.

"낮에 어머니 다녀가셨어."

"그래?"

"은서 옷이랑 장난감 가져오셨더라구. 저기 저것도."

족자를 벽에 걸어야 할지 의논하고 싶었으나 대꾸가 없다. 성격상 표 나게 다정다감하게 굴진 않아도 결혼 전까지만 해도 이 정도는 아니었다.

'잡은 고기한테 먹이를 안 준다, 이건가?'

남편에게 서운한 마음이 들 때마다 스멀스멀 올라오는 피해의식이 그녀를 괴롭히곤 했다. 벗어놓은 옷에서 장어구이 냄새가 진동했다. 그녀가 제일 좋아하고 남편은 질색하던 음식이다. 초저녁에 통화할 때 옆에서 여자 목소리가 들렸다.

'친구가 여자였던 건가?'

직업상 고객으로 만난 것일 수도 있다. 문제는 그 상대가 싫어하는 음식을 같이 먹을 정도로 친한 이성 친구라는 데 있었다. 한참 입덧이 심할 때 유일하게 구미가 당겼던 음식이 장어구이었다. 마지못해 식당에 데려가 혼자 멀뚱히 앉아 있던 남편 모습이 지금도 눈에 선하다.

"나한테 뭐 할 말 없어?"

"무슨 말?"

"아니, 그냥."

저녁은 누구랑 먹었느냐고 물어보려다 그만두었다. 순순히 대답할 거였으면 전화로 물었을 때 밝혔을 것이다. 남편의 외도를 의심해서라기보다는 유독 자기한테만 불친절한 그 태도가 심정을 뒤틀리게 했다. 오늘따라 아이가 심하게 보채는 바람에 저녁 식사도 거른 그녀였다.

"밥은 먹었냐고 어떻게 한마디를 안 물어?"

"왜 여태 밥을 안 먹었어?"

"안 먹었으면 어쩔 건데?"

"지금이 몇 신데 밥을 안 먹어."

영혼 없는 남편의 반응이 그녀를 더욱 초라하게 만들었다. 부부는 일심동체라는 말이 이토록 공허하게 와 닿을 줄은 몰랐다. 사람이 다르고 몸이 다른데 그게 가능한 일이긴 한 걸까.

와락 감정이 치받친 그녀가 소리쳤다.

"우리 부부 맞아?"

남편이 황당한 눈빛으로 그녀를 돌아보았다.

"무슨 얘기야, 그게?"

개떡같이 말하면 개떡같이 알아듣고
찰떡같이 말하면 찰떡같이 알아듣는다

표현하지 않은 속마음은 그저 속마음일 뿐이다. 부부라고 해서 모든 걸 알아차릴 순 없다. 매사에 이심전심이 이루어지는 건 더더욱 아니다. 돌아누우면 부부도 남남이다. 스트레스를 피하는 유일한 방법은 감정을 쌓아놓지 않는 것이다.

부부간 대화란 호흡이 맞는 상대와의 핑퐁 게임에 비유할 수 있다. 마음이 꼬인 상태에선 공이 엉뚱한 방향으로 튀기 쉽다.

원하는 게 있으면 그때그때 말하자. 당장 문제가 해결되지 않더라도 실마리를 남겨둘 순 있다. 안 그러면 혼자 속앓이하면서 만리장성 쌓는 일밖에 할 게 없다.

나에게 독이 되는 맞장구

"시어른 앞에선 그저 싫어도 좋은 척, 있어도 없는 척, 모난 데 없이 굴어야 귀염받는 법이다."

친정엄마는 귀에 딱지가 앉도록 말했다. 그러나 연수는 맥락 없이 착한 며느리 연기를 하고 싶진 않았다. 대신 아무리 바빠도 집안 대소사나 가족 모임은 열심히 챙기려고 노력했다.

둘째 아이 준서가 태어나면서 시어머니 태도가 많이 누그러졌다. 시간이 모든 걸 해결해주진 않아도 서먹서먹한 시집 식구와의 관계를 부드럽게 만드는 힘은 있었다.

손아랫동서와는 출발이 썩 좋진 않았으나 따로 자리를 만들어 오해를 풀었다.

"그땐 내가 좀 예민했어. 미안해, 동서. 서운했으면 풀어, 응?"

"어머! 저 그렇게 속 좁은 여자 아니에요, 형님!"

끝까지 자기가 잘못했다는 얘긴 없이 설레발을 치는 그녀가 밉진 않았다. 맏며느리도 아닌데 시부모 모시고 살아가는 것만으로 고마운 동서였다.

"재중 씨 땜에 미치겠어요."

막 점심을 먹으러 나가려던 참에 전화가 걸려 왔다.

"형님, 난 팔자가 왜 이래요?"

다짜고짜 하는 말이 신세 한탄이다. 아들 민혁의 교육 문제로 다투다 대판 부부싸움을 했다는 것이었다.

"집에 있으려니 너무 우울해서 나왔는데, 많이 바쁘시죠?"

마침 그녀가 근무하는 유치원 근처라기에 별생각 없이 오라고 했다. 얼마 전엔 남편이 대책도 없이 직장을 때려치웠다고 전화로 하소연했으나 한창 바쁠 때라 들어줄 여유가 없었다. 요즘 계속 마음고생하는 동서가 딱해서 밥이라도 먹여 보내고 싶었다.

"울 남편 성격이 아주버님 반만 따라가면 좋겠네요. 한 번 싸우고 나면 정나미가 다 떨어진다니까요."

"화났을 때 하는 말 일일이 담아두면 병 생겨."

"형님네도 부부싸움을 한다구요?"

"싸우면 우리도 장난 아니야."

맞장구는 이쯤에서 멈췄어야 했다.

"그래도 우리만큼은 아닐 거 아녜요."

갑자기 그녀가 펑펑 울기 시작했다.

"윤서 아빠도 화나면 서방님 못지않아. 다 같은 양씨 집안사람인데 어련하겠어?"

달래려고 몇 마디 보태다 흘러나온 얘기가 화근이 될 줄은 몰랐다.

주말에 청담동으로 그녀를 호출한 정 여사는 대번에 언짢은 기색을 드러냈다.

"너는 자식 키우는 어미가 돼서, 피는 못 속인다니, 어떻게 그런 말이 나와? 꼭 그렇게 식구들을 싸잡아서 흠을 잡아야 직성이 풀리던?"

첫마디에 정신이 얼얼했다. 동서 간에 나눈 얘기가 시어머니한테 이런 식으로 전해질 줄은 꿈에도 몰랐다.

"어머니, 전 그런 뜻으로 한 말이 아니고…."

"그래도 네가 안 했다고는 못 하는구나."

정 여사는 더욱 못마땅한 기색으로 호통을 쳤다.

"뜻이 뭐가 중요해? 네 남편 부모이고 네가 낳은 자식들이 뼈를 묻을 집안이다. 맏며느리가 그러고 다니면 남들이 우릴 어떻게 보겠니?"

"무슨 얘길 어떻게 들으셨는지 몰라도 어머니, 저 절대로 집안

험담하고 다니지 않았어요."

"그 말이 그 말이지, 뭐가 달라?"

내심 황당해하는 그녀에게 시어머니가 쐐기를 박았다.

"맏며느리 자리가 괜히 있는 게 아니다. 다신 그런 일 없도록 해라."

변명의 여지가 없기에 뭐라고 대꾸할 말도 없었다. 기가 막힌 건 그다음이었다.

"죄송해서 어떡해요, 형님."

시어머니가 안방으로 들어간 뒤 동서가 그녀에게 다가왔다.

"저 그렇게 수다스러운 성격 아닌데, 아무래도 어머니 작전에 말려든 거 같아요."

"작전이라니?"

"그게, 형님 만나고 온 날이었어요. 재중 씨랑 싸운 거, 어머님도 아셨거든요. 저녁밥 준비하고 있는데 어머니가 자꾸 제 눈치를 보시는 거예요. 걱정하지 마시라고, 형님 덕에 위로가 많이 됐다고 하니까 둘이 무슨 얘기를 했냐고 물어보시는 거예요."

"그래서?"

"집안 내력이 그렇다고 하니 저도 그러려니 하겠다고 했죠. 형님이 피는 못 속인다고 했잖아요."

"동서는 내가 언제 그런 말을 했다고 없는 얘길 지어내고 그래? 그것도 다른 분도 아닌 어머님한테?"

"아주버님도 양씨 집안사람인데 어련하겠냐고. 기억 안 나세요, 형님?"

"그게 어떻게 피는 못 속인다는 말하고 같아?"

"그 말이 그 말 아니에요?"

동서는 천연덕스럽게 대꾸했다. 그러고도 자기는 수다스러운 성격이 아니란다. 연수는 하도 어이가 없어 말문이 막힐 지경이었다. 자기가 무슨 짓을 했는지는 알고 있는 건가.

"동서는 나보다 결혼한 지도 오래됐으면서 상황 파악이 그렇게 안 돼? 어머니한테 그 말이 어떤 뜻인지 정말 몰랐어?"

"저야 몰랐죠. 당연히."

경진은 정말 몰랐던 것처럼 두 눈을 동그랗게 떴다.

"앞으로 동서랑은 무슨 말을 못 하겠네."

"왜요?"

'순진한 거야, 속이 없는 거야?'

그저 헛웃음만 나오는 연수였다.

험담에 적당한 거리를 유지하기

말에는 이상한 날개가 있다. 단어 하나만 잘못 전달해도 제삼자에겐 전혀 다른 의미가 된다. 그 피장은 돌고 돌아 다시 나에게로 온다. 무턱대고 맞장구를 쳐주는 게 위험한 이유다.

가족에게 위로가 필요할 땐 상대의 심리를 헤아려주는 것만큼이나 중요한 일이 표현의 균형을 유지하는 것이다.

"어떻게 나한테 이럴 수 있지?"

분노한 상대의 감정적 언사에 공감을 표하려고 험담에 동참했다간 본의 아니게 사건의 중심에 서는 수가 있다. 결국은 본인들이 해결할 몫이다. 가족 안에서의 일이라고 지나치게 안타까워할 필요는 없다. 잘못 끼어들었다가 어느 한쪽에게 원망을 듣거나 혼자 덤터기를 쓰게 될 수도 있다.

이야기는 들어주되 적당한 선에서 대화를 끊는다.

"많이 힘들겠네. 그렇다고 너무 스트레스받지 마. 정신건강에 안 좋아."

말투가 의도를 왜곡할 때

"너 같은 워커홀릭이 놀고 있다는 게 말이 되니? 이건 사회적으로도 낭비야. 조만간 분당에 어린이집 체인을 개설할 계획이야. 네가 결심만 한다면 시기를 앞당길 수도 있어. 꼭 와줄 거지?"

같은 업계에선 꽤 이름이 알려진 선배의 제안이었다. 연봉으로 제시한 액수도 만만치 않았다. 연수로선 거절하기 힘든 유혹이었다.

15년 남짓 결혼생활을 이어오는 동안 많은 변화가 있었다. 남편은 이제 수입차 대리점 사장이 되었다. 목표의 절반은 이룬 셈이다. 아파트도 큰 평수로 넓혀갔다.

그런데 왜 이렇게 속이 허전한 걸까?

유치원 교사로 일하면서 흔한 명품 하나 안 사고 모은 돈은 남편 사업자금에 녹아들어 흔적도 없이 사라졌다. 그사이 오빠네는 미국으로 이민을 떠났고 친정엄마는 위암 선고를 받았다. 돈도 돈이지만 고인 물속을 헤엄치는 것처럼 단조로운 하루하루가 숨이 막혔다. 다 큰 아이들 데리고 학교로 학원으로 뺑뺑이를 돌 때마다 이 자리가 내 자리 맞나 싶었다.

"친한 선배가 같이 일하자는데 당신은 어떻게 생각해?"

퇴근해서 돌아온 남편에게 넌지시 의중을 물었다.

"생각하고 말고 할 게 뭐 있어? 장모님 병원비는 내가 책임질게."

끝까지 들어보지도 않고 반대부터 한다. 친정엄마 병원비를 내세워 생색내는 투로 말하는 것부터 귀에 거슬렸다.

"내 엄마를 왜 당신이 책임져?"

"큰처남도 없는데 그럼 누가 책임져? 처형 사는 형편 뻔하고, 막내 처남한테 책임지라고 할 거야?"

취직 못 한 동생까지 끌어들여 보란듯이 자존심을 긁어대는 건 무슨 심보란 말인가. 독이 바짝 오른 그녀는 말에 가시를 박았다.

"내가 지금 당신 허락받자는 게 아니거든?"

"자기 맘대로 할 거면 뭐하러 사람 피곤하게 말을 시켜? 간 보는 것도 아니고."

희중은 도무지 아내를 이해할 수 없었다. 사위 노릇 하겠다는데 이게 욕먹을 일인가 싶은 것이다. 그러는 남편을 이해할 수 없기는 연수도 마찬가지였다.

"당신은 왜 꼭 모든 걸 돈으로 엮는 건데? 내가 뭘 원하는지는 알아?"

"원하는 대로 사는 건 좋아. 그런데 왜 하필 지금이야?"

"나 그 유명한 경단녀야. 지금 아니면 누가 날 써주긴 한대?"

"당신 대표이사 마누라야. 날 좀 믿고 따라주면 안 되나?"

부부간 대화는 계속 어긋났다. 연수는 남편이 자신을 부속물 취급하는 말투에 더욱 비위가 상했다.

"사장님 체면 깎지 말고 국으로 갖다주는 돈이나 쓰고 살라는 거네?"

연속해서 그녀가 독설을 날렸다.

"마누라 직장 내보내는 대표이사 소린 듣기 싫어?"

"넌 꼭 말을 해도…!"

희중은 순간 말문이 탁 막혀버렸다. 남의 눈을 의식하지 않았다고는 할 순 없었지만 그게 다는 아니었다. 본심은 아내가 일을 다시 시작하더라도 자기 손으로 독립할 수 있게 해줄 때까지 기다려달라는 것이었다.

말하지 않은 속내가 서로를 찌르는 무기가 될 줄은 희중도 몰랐고 연수도 몰랐다.

"사람 마음을 그렇게 모르나?"

답답해서 내뱉은 남편의 탄식을 아내가 받았다.

"모르는 건 내가 아니라 당신이야. 누군 자존심도 없는 줄 아나?"

"자존심은 개뿔!"

속마음을 몰라주는 아내의 말투에 흥분한 희중은 감정을 쏟아내기 시작했다. 자존심이란 단어가 그녀 입에서 나오는 게 당혹스러운 것이다.

"내가 사업을 시작하지만 않았어도 진작 독립했을 당신이 손발 다 묶여 있다가 마흔 넘어 취직한다는데 오냐, 잘했다 그래? 당신 자존심만 중하고 내 자존심은 아무 가치도 없다 이건가?"

'그런 거였어?'

진심은 때로 의외의 장면에서 통한다. 연수는 남편이 자신의 희생을 당연하게 여기는 줄로만 알았다. 자책감 때문에 취업을 반대하는 줄 알았다면 이렇게까지 감정이 격해지진 않았을 터였다.

"미안해. 내가 좀 예민했나 봐."

그녀 또한 자신의 본심을 열어 보였다.

"당신이 엄마한테 잘해주는 건 늘 고맙게 생각해. 결혼하고 나 직장 나가는 거 별로 안 좋아했잖아. 어렵게 생긴 기회인데 당신이 무조건 반대하는 줄 오해했어."

"…알면 됐어."

"그러니까 당신 말은, 내가 원하면 반대는 하지 않겠다는 거 맞지?"

"몇 번을 말해."

원망이 꼬리에 꼬리를 물던 대화가 새로운 국면을 맞았다. 서로가 서로에게 귀를 열어준 덕에 부부간의 갈등은 어렵지 않게 봉합되었으나 문제는 엉뚱한 곳에서 터졌다.

속전속결 화법은 상대방의 이야기를
들어줄 의향이 없다는 뜻

생각을 물어온다는 건 이미 어느 정도 마음의 결정을 했다는 의미다. '난 반대야.' 반응이 의지를 배반하는 순간 상대는 저항감을 느낀다. '날 무시하는 건가?'

의외로 가족은 서로에 대해 남보다 모르는 게 더 많다. 부부 사이도 그렇다. 갈등을 피하고 싶을 땐 직설화법보다 간접화법이 효과적이다. '당신 생각은 어때?' 먼저 물어온 질문에 거부감을 나타내기 전에 '난 당신 생각이 더 궁금한데?' 본론을 살짝 비껴가는 것도 유용한 방법이다.

대화 도중
'일단 멈춤' 버튼이 필요할 때

"큰애 취직했다며?"

가족 모임이 있는 자리에서 느닷없이 시어머니 정 여사의 직격탄이 날아왔다.

"어떻게 니들은 예나 지금이나 변한 게 하나도 없니?"

"무슨 말이야, 그게?"

"당신 맏며느리가 애들 두고 돈 벌러 다닌다잖아요."

"갑자기 취직은 왜?"

"난들 알아요? 어른한테 한마디 상의도 없이. 집안 꼴이 어떻게 돌아가는 건지, 원."

과거 일까지 들춰내며 역정을 내는 정 여사 옆에서 시아버지 양 회장은 눈만 끔벅거렸다. 예상치 못한 상황이라 연수는 입장이 궁색할 수밖에 없었다.

"은서 어멈이 어련히 알아서 결정했을까."

말로는 내색을 안 했으나 시아버지 표정도 굳어 있었다.

"죄송해요, 어머님 아버님. 정식으로 출근하게 되면 찾아뵙고 말씀드리려고 했어요."

"저도 그러라고 했어요. 그 얘기 나온 지 며칠이나 됐다고, 어떻게 된 거야? 거참, 소식 빠르네!"

희중은 의아한 눈빛으로 그녀를 돌아보았다.

정보가 샌 거다.

연수에게 의심 가는 사람이 한 명 있긴 했다. 엊그제 마트에서 우연히 동서를 만났고 하필 그때 선배 전화가 걸려 왔다. 출근을 언제 할 수 있는지 묻는 전화였다.

"형님, 직장 나가시게요?"

매너 없이 전화를 엿들은 동서가 입바른 소리를 하기에 아직 결정된 건 아니라고 했는데 그게 또 시어머니 귀에 들어간 거다.

"어머님 아버님껜 내가 직접 말씀드릴게."

알아듣기 쉽게 주의를 시켰건만 참을 수 없는 수다 본능이 이 사달을 만들었을 터였다.

"괜히 어머님한테 꾸중 듣고. 형님 속상하시겠다."

설거지하면서 동서가 염장을 질렀다.

"이번엔 뭐라고 변명할 거야?"

"네? 뭐를요?"

눈 하나 깜짝하지 않는 모습이 그렇게 얄미울 수가 없다.

"이따가 잠깐 나랑 얘기 좀 해."

"무슨 오해를 하셨나 본데, 왜 그러시는데요?"

"길고 짧은 건 대보면 알겠지."

불쾌한 표정의 동서에게 단단히 쐐기를 박아두었다. 그러나 결과적으로 이 짧은 공백이 더 큰 설화(舌禍)로부터 그녀를 구원해준 셈이 되었다.

"당신 선배 말이야. 알고 보니 우리 옆집 살았던 누나라는군."

현관을 나서면서 남편이 말했다. 선배가 시어머니와 같은 교회 신도였고 어찌어찌 식구들 안부가 오가다 나온 이야기라는 것이다.

"형님, 아까 그거 무슨 말이에요?"

동서가 식식거리면서 대문 앞까지 따라 나왔다.

근거도 없이 사람을 의심했으니 대가를 치를 수밖에.

남편을 먼저 보내고 동서와 커피숍에 마주 앉은 연수는 솔직하게 상황을 털어놓고 양해를 구했다.

"미안해, 동서. 아깐 내가 오해했어."

"…무슨 오해요?"

"직장 나간다는 거. 어머니한테 동서가 얘기한 줄 알았어."

"그러셨구나."

잠깐의 침묵 끝에 동서가 반격의 화살을 날렸다.

"근데 형님, 날 너무 띄엄띄엄 보신다."

대차게 얻어맞았다 싶은 순간 또 한 방이 날아왔다.

"원래 그렇게 의심이 많으세요?"

급발진이 재앙을 부른다

물증이 없으면 할 말도 없어야 한다. 심증에 기대는 정도가 커질수록 역풍도 거센 법이다.

성미가 급하거나 감정 기복이 심한 사람은 이런 점에서 손해를 볼 수밖에 없다. 흥분하면 매사를 자기중심적으로 판단하는 경향이 있기 때문이다. 안하무인으로 행동하기도 쉽다.

특히 신경질적인 기질이 다분한 사람이 피해의식을 갖게 되면 속수무책이다. 이런 사람은 대화 도중 태도가 돌변해 거친 말을 입에 담고 감정을 폭발시키는 습성이 있다. 자신의 성격적 특징을 미리 파악하고 있으면 일을 그르칠 위험이 훨씬 줄어든다.

걱정이 호기심으로 읽히지 않게 주의해야 할 때

"면접 본다더니 잘 안 됐나? 요새 영 매가리가 없어."

"쓸데없는 걱정일랑 접어두고 엄마 건강이나 신경 써요."

"부모 마음이 어디 그러냐?"

막내 경수가 자리를 비운 사이 윤 여사는 탄식 같은 한숨을 내뿜었다. 수술하고 병상에 누워서도 마음 한 자락 편할 날이 없다.

연수는 연수대로 동생을 생각하면 속이 아렸다. 아르바이트를 하루에 세 곳 네 곳 해가면서 제 힘으로 대학을 졸업했으나 나이 서른에 2년째 편의점을 못 벗어나는 동생이었다.

해외로 어학연수라도 보내줬으면 상황이 달라졌을까.

휴게실로 가는 발길이 무겁기만 하다. 밤새 편의점을 지키다 나온 동생은 눈 밑이 시커멓다. 연수는 캔 커피를 뽑아 건네면서 일부러 명랑한 어조로 말을 걸었다.

"다솜이는 잘 지내니?"

"응."

다솜은 사귄 지 3년째 되는 경수 여자친구다. 대답이 시원치 않게 느껴지는 건 기분 탓일까.

"잘해줘. 가끔 맛있는 것도 사주고."

알았다는 말이 없어 누나로서 충고 한마디를 더 보탰다.

"바쁘면 전화라도 자주 하고. 다솜이 걔 속은 여린 애야."

경수는 마시다 만 캔 커피를 쓰레기통에 던져버렸다. 성질이 났다는 거다. 그렇더라도 1절만 하고 끝냈으면 좋을걸 노파심에 한 걸음 더 나가는 연수였다.

"니들 싸웠니?"

"그게 왜 궁금해?"

"응?"

"그게 왜 궁금하냐고?"

"얼굴 본 지 오래돼서 물었다, 왜? 누나가 니 여친 안부도 물어 보면 안 되니?"

"신경 꺼."

"니들 진짜 싸웠구나? 안 봐도 뻔해. 너 그 성질 좀 죽이라니까?"

"진짜 한가한 모양이네. 그렇게 할 일이 없어?"

말을 뱉는 족족 삐딱했으나 누나는 다른 이유로 가슴이 미어졌다.

다솜이가 먼저 헤어지자고 한 걸까?

직장 때문에?

경수 짝으로 그만한 상대도 없는데.

"매형한테 너 일자리 좀 알아보라고 할까?"

안타깝고 아쉬운 마음에서 꺼낸 말이 동생에겐 상처가 될 거란 생각은 미처 하지 못했다. 자리를 박차고 일어난 경수가 그녀를 노려보았다.

"내가 창피해?"

"누가 그렇다니? 난 그냥…."

"그냥 뭐? 걱정돼서 그런다고? 그럼 걱정만 해."

"넌 무슨 애가 그 모양이니?"

결국 그녀도 화가 나서 언성을 높이고 말았다.

"누나가 얘기 좀 하자는데 꼭 그렇게밖에 말을 못 하겠어?"

남 주기 아까울 만큼 다정다감한 동생이었다. 그토록 착한 동생이 고슴도치처럼 온몸에 칼날 같은 가시를 곤두세운 모습이 속상해서 그랬다.

"누난 이게 대화라고 생각해?"

경수는 여전히 차가운 시선으로 물었다. 막상 말을 뱉어놓고

기분이 더욱 참담했다. 누나가 왜 이토록 집요하리만큼 대화에
집착하는지 알고 싶지도 않고 알 필요도 없었다. 일도 사랑도 뜻
대로 되지 않는 그로선 그저 혼자 있고 싶은 생각뿐이었다.

"누나가 널 도우려는 거잖아."

연수는 눈물이 그렁그렁한 채로 말했다. 남매의 대화는 서로
다른 언어를 사용하는 부족들처럼 계속 겉돌기만 했다.

문제를 털어놓으라고
강요하지 마라

누구나 가족들 앞에서는 좋은 모습을 보이고 싶은 욕구가 있다. 힘든 일을 겪고 있는 상대에게 대화를 강요해선 안 된다. 그가 말하고 싶을 때까지 기다려주는 배려가 필요하다.

혼자만의 고민을 안고 있는 가족을 향해 어째서 도움을 청하지 않는지 애태울 까닭이 없다. 관심을 사양한다는 건 경계를 넘지 말라는 뜻이다. 때때로 몹쓸 호기심이 관계를 망치기도 한다.

"그러지 말고 나한테만 살짝 얘기해주면 안 될까?"

이런 오지랖은 절대 금물이다.

"내 딴에는 도와주고 싶었을 뿐인데…."

이미 상황이 틀어질 대로 틀어진 다음에는 후회해도 소용없다. 차라리 어깨나 한 번 두드려주고 마는 게 나을 뻔했다.

가진 걸 다 보여주지 말고
아는 것이라고 다 말하지 마라.
가진 걸 다 내어주지도 말고
배운 걸 다 믿지도 마라.
과거의 이야기밖에 가진 것이 없을 때
당신은 처량해진다.
-윌리엄 셰익스피어

3부

너무 잘 알아서
상처받기 쉬운 존재,
가족

역지사지易地思之, 입장 바꿔 생각하라

"주말에 제주도 여행 가신대."

남편이 빼먹은 주어는 시부모를 의미했다.

'당신이 좀 챙겨드려.'

하고자 하는 말도 빠져 있었다. 오늘 목요일, 모르고 넘어갔으면 돈 번다고 시부모 알기를 우습게 여긴다는 소리를 들을 뻔했다. 하필 일이 바빠 안부 전화도 뜸했던 요 며칠이었다.

"당신은 어떻게 알았어?"

"낮에 재중이가 왔었어."

"동서는 알고 있으면서 나한테 귀띔이라도 해주면 좀 좋아?"

"어떻게든 알았으면 됐지."

"당신한테 내가 뭘 더 바라겠어."

"그럼 끊든가."

남편의 무심함을 탓하기도 지쳤다. 연수는 급히 백화점으로 향했다. 이젠 익숙할 때도 됐건만 시어머니 앞에만 가면 한없이 작아지는 느낌이 드는 건 어쩔 도리가 없었다.

무슨 말부터 꺼내는 게 좋을까?

시부모 여행 선물을 준비하고도 핸드폰 번호를 누르기까지 한참이 걸렸다. 무턱대고 선물을 샀으니 집으로 가져가겠다고 할 순 없는 노릇이라 나름 각본을 짰다.

"아버님 어머님 여행 가신다면서요. 숙소는 정하셨어요?"

"잘 데도 없이 집 떠날 생각을 했을까."

전화를 늦게 한 탓일 것이다. 초장부터 반응이 냉랭하다. 자연히 며느리의 말투도 잦아들 수밖에.

"죄송해요. 제가 미리 챙겨드렸어야 했는데."

"…더 할 말 없으면 그만 끊자."

"아버님 좋아하시는 성게미역국 맛집을 아는데, 예약할까요?"

찬바람이 쌩쌩 도는 와중에도 한 번 더 용기를 내는 연수였다.

"어머님 아버님 리조트에서 입으시라고 가운 한 벌 샀어요. 애들하고 같이 가서 드릴게요."

"거 왜 시키지도 않은 일을 하고…."

정 여사는 무뚝뚝한 어조로 전화를 끊었다. 오지 말라는 말이

나오지 않은 걸 다행으로 여겨야 할 판이다. 손주들만큼은 끔찍이 예뻐하는 시어머니였다.

넘어야 할 산은 또 있었다.

"난 할아버지 댁 가기 싫은데."

"싫은 게 어딨어? 할아버지 할머니가 은서랑 준서 얼마나 좋아하시는데."

"친구랑 공부하기로 했다고!"

중학생인 준서는 마냥 신이 났는데 고등학생 은서가 짜증을 냈다.

"친구 누구?"

"엄마가 내 친구 다 알아? 청담동 할머니 무서워서 우리 이용하는 거잖아. 왜 다 엄마 맘대로야?"

따박따박 따지고 드는 말마다 정곡을 찔렀다. 집안 행사 때 본가를 드나들면서 저도 보고 느낀 게 있었을 터였다. 눈치가 빠하니 설득을 달리하는 수밖에.

"엄마가 할머니께 잘못한 게 있어서 그래. 은서 니가 좀 도와주라, 응?"

"…알았어."

하고 싶지 않은 일이라도 해야만 하는 이유를 납득할 수 있게 되면 순순히 고집을 꺾을 줄도 아는 기특한 딸이다. 만약 '엄마가 시키면 시키는 대로 할 것이지 무슨 말이 많아?' 억지로 찍어 누르려고 했다면 끝까지 가지 않겠다고 버텼을 것이다.

두 아이를 데리고 청담동으로 차를 몰아가면서 연수는 문득 친정엄마 윤 여사가 했던 이야기를 떠올렸다.

"애먼 데 돈 쓰지 마라. 길은 갈 탓이고 말은 할 탓이라고 했다. 부모는 자식이 돈 쓰는 거 안 좋아해. 그저 마음이지."

어쩌면 엄마가 왜 이런 말을 했는지 알 것도 같았다.

가족은 하나의 역할극이다

이 역할극의 콘셉트는 상대를 악역으로 인식하지 않는다는 데 있다.

텔레비전 일일 드라마를 생각해보라.

부모에게나 자식에게나 애환은 있다. 가정 안에선 날마다 크고 작은 다툼이 일어나고 잊을 만하면 다시 일이 생긴다. 매일 그렇게 지지고 볶는 가운데서도 누군가는 웃을 일을 만들고 또 누군가는 사고를 친다. 드라마가 정점을 찍기 전에 가족의 갈등은 최고조에 달한다. 그러나 끝은 언제나 해피엔딩이다.

드라마는 드라마일 뿐.

현실에서 이런 가족 드라마는 그다지 흔치 않다. 삶이란 끊임없는 갈등의 연속선상에 있기 때문이다. 더러는 가족 해체라는 새드엔딩으로 실패한 역할극의 막을 내리기도 한다. 텔레비전 드라마에 대한 호불호가 엇갈리는 이유다.

일 잘하는 자식보다
예쁜 말 잘하는 자식

동서가 시어머니 정 여사에게 네일 케어를 해주고 있었다.

'하여간 붙임성 하나는 갑이지.'

연수는 볼수록 신기한 느낌이 들었다. 까다로운 시어머니 비위를 어찌나 잘 맞추는지 싫은 소리 듣는 걸 한 번 못 봤다. 이날 그녀는 동서의 행동에서 자신과 다른 점을 발견했다.

"요즘 이게 유행이에요, 어머니."

동서가 빨간 큐티클을 엄지발톱에 갖다 붙이려고 하자 시어머니가 질겁을 했다.

"아서라! 누가 보면 무당인 줄 알겠다."

"어머! 아니에요, 어머니! 이 정도는 해줘야 맛이 나죠! 어머니는 발등이 하얗고 예뻐서 빨간색이 너무너무 잘 어울리세요. 보세요!"

어찌나 넉살이 좋은지 옆에서 보는 사람이 민망할 정도였으나 동서는 전혀 개의치 않는 모습이었다.

"우리 어머니는 피부도 어쩜 이렇게 고우실까?"

"주름살투성인데 곱긴 뭐가 고와."

"제 친구들이 어머니랑 같이 찍은 사진을 보곤 50대로 알더라니까요?"

"누가 그런 실없는 소리를 해? 늙은이 놀리면 벌 받는다."

"정말이에요! 제가 봐도 어머니 얼굴 주름은 그냥 나이 든 주름이 아니라 기품 있어 보이는 주름이에요."

"그저 말은 청산유수지."

연수는 저러다 호되게 꾸중을 듣고 말지 싶어 조마조마했으나 고부 간 대화는 술술 이어졌다.

"예쁘게 붙여드릴게요?"

동서는 한술 더 떠 시어머니 발톱에 인조 보석을 갖다 붙였다. 더 이상한 건 정 여사의 태도였다. 자기한텐 그렇게 무뚝뚝한 시어머니가 둘째 며느리와 얘기할 땐 나긋나긋한 모습을 보이는 것이었다. 마치 지금의 상황을 즐기는 것처럼.

"보세요, 어머니! 20년은 더 젊어 보이시잖아요?"

"까분다."

"정말이라니까요? 아버님 긴장하셔야겠는데요?"

"얘가 못 하는 말이 없어!"

말로는 야단을 치면서 정 여사 얼굴은 웃고 있었다. 한집에 오래 살아서만은 아닌 듯싶었다.

원래 지렇게 새새거리는 걸 좋아하시는 걸까?

한편으로는 호랑이 시어머니 앞에서 닭살 돋는 말을 아무렇지도 않게 하는 동서가 부럽기도 하다. 연수는 집에 돌아와서도 내내 그 생각뿐이었다. 무사히 수술을 마치고 퇴원한 친정엄마 윤여사에게 전화로 그날의 생경한 장면을 전했다.

"근데 엄마, 나 같으면 죽었다 깨나도 그렇게는 못 할 것 같아."

"말로 천 냥 빚도 갚는다는데 죽었다 깨날 일이 뭐 있어? 사부인 좋아하시는 모습 안 봐도 선하구먼."

"두 분 여행 잘 다녀오시라고 나도 나름 신경을 썼는데 별로 좋아하시는 거 같지도 않더라구. 나 우리 시어머니한테 찍힌 거 맞지?"

"그런 소리 마라. 너랑은 아직 그럴 기회가 없으셨던 게지. 너무 어려워만 해서 그래. 너도 좀 곰살맞게 굴어보렴. 부모는 일 잘하는 자식보다 말 잘하는 자식이 더 예쁜 법이다."

이제 와 섭섭한 마음을 털어놓는 딸에게 윤 여사가 위로 삼아 건넨 말이었다.

연수는 그동안 자신이 시어머니 앞에서 했던 행동을 되돌아보았다. 신혼 때부터 지금까지 매사를 시어머니 뜻에 맞춰 살았다. 행여 책잡힐세라 고분고분 말 한마디도 가려서 했다.

그러고 보니 하나만 알고 둘은 몰랐다. 시어머니가 밉지 않게 나무라던 동서와는 달리 자신과는 두 마디 이상 말을 섞지 않은 까닭이 있었다. '예' 아니면 '죄송해요' '알겠습니다' 따위의 짧은 말투가 종결어미 구실을 해서 더 이상 대화가 진전될 여지를 없앤 것이었다.

시어머니는 무조건 말대꾸를 싫어하는 게 아니었다.

듣기 좋은 말버릇은 호랑이 시어머니도 웃게 한다는 걸 왜 몰랐을까?

권위를 세워주는 것만이
어른 대접은 아니다

전통적인 한국 사회에서는 어른을 대놓고 칭찬하는 것을 금기시해왔다. 버릇없는 행동이라는 이유에서다. 그러나 사람 마음 다 똑같다. 칭찬받고 기분이 언짢아질 사람은 없다.

칭찬은 객관적인 칭찬과 감정적인 칭찬이 있다.

'결혼식 때 왔던 친구들이 어머니 어디서 많이 뵌 것 같다고, 혹시 영화나 드라마에 출연한 적 있는지 묻더라구요'와 같이 자기가 하고 싶은 말에 제삼자를 끌어들이는 건 객관적 칭찬이다. '아버님은 넥타이가 정말 잘 어울리세요!'와 같이 구체적으로 감동 포인트를 짚어주는 건 감정적인 칭찬에 해당한다.

나이 들면 남녀 모두 외모에 관심이 없을 것 같지만 이 또한 편견일 수 있다. '젊어 보인다' '멋지다' '옷 잘 입는다' 이런 류의 칭찬은 의외로 여운이 길다.

관계를 이어주는 말, 관계로부터 도망치는 말

시아버지 양 회장의 칠순이 얼마 남지 않았다. 이날 가족 모임의 이슈는 장소를 어디로 정할지에 관한 것이었다. 며느리들은 가능하면 밖에서 치르기를 소망했으나 당사자인 양 회장은 전혀 그럴 생각이 없는 듯했다.

"코로난지 뭔지 끝나지도 않았는데 번거롭게 하지 말고 집에서 식구들끼리 밥 먹이나 먹자."

"어떻게 그래요, 아버님."

"요즘 같은 때 칠순이 뭐 대단하다고. 사람 오라 가라 하는 거 민폐다. 절대 그러지 마라."

양 회장은 단호했다.

"느이 둘이 알아서 하렴."

정 여사까지 거들고 나서자 며느리들은 비상이 걸렸다.

"어머니 말씀은 저렇게 하셔도 친척들한테 전화 다 하셨어요. 고모님네랑 이모님네랑 외삼촌들도 오실 거예요. 친가 외가 사촌들까지 합치면 몇 명이야? 이럴 거면 차라리 호텔에서 하는 게 낫지. 형님도 이런 일 처음인 거죠?"

"뭐, 그렇지."

"대박! 일 났네, 일 났어! 잔치 음식 전문 업체에 주문할까요? 요즘 다들 그렇게 한다던데."

"어머님이 허락하시겠어?"

"우리 둘이 알아서 하라고 하셨잖아요."

"그럼 동서가 말씀드려 볼래?"

"어머, 형님! 저더러 고양이 목에 방울을 달라고요? 저도 며느리예요."

동서는 놀란 토끼 눈이 돼서 손사래를 쳤다.

"아직 시간 있으니까 궁리를 좀 해보자고."

청담동을 나온 연수는 상계동으로 향했다. 결혼하고 처음 치르는 큰 행사라 친정엄마 도움이 절실했다.

"나이 들면 뭐가 젤 서러운지 아니? 젊은 것들이 뒷방 늙은이 취급하는 거야."

윤 여사는 시어머니한테도 일거리를 주라고 조언했다. 이번엔 연수가 놀란 토끼 눈이 될 차례였다.

"어른 일 시켜 먹으려 든다고 역정 내시지 않을까?"

"그러니 눈치껏 해야지."

"눈치껏 어떻게?"

"그 댁 작은며느리 시어머니한테 사랑받는 거 부럽다고 하지 않았니?"

"그거랑 이거랑은 다르지, 엄마. 동서도 어머니한테 혼날까 봐 그런 말은 못 꺼내겠대."

"이번엔 네 차례야. 맏며느리잖아."

윤 여사는 진지하게 덧붙여 말했다.

"언제까지 시어머니한테 말도 못 붙이고 살래? 이번이 기회라고 생각해. 너 보기 좋은 건 남이 봐도 좋은 법이란다."

부러우면 따라 하기라도 해보란 얘기였다. 며칠 후 연수는 장보기 목록을 들고 다시 청담동을 찾았다.

"혹시 부족한 게 있으면 알려주세요, 어머니."

정 여사는 그녀가 인터넷으로 정보를 모으고 모아 작성한 메뉴를 찬찬히 살펴보았다.

"잔치 음식이 다 거기서 거기지."

일단 메뉴는 합격이라는 뜻이다. 이제부터 손아랫동서 경진을 벤치마킹할 차례였다.

"미역국 맛있게 끓이는 비법 좀 가르쳐주세요, 어머니. 집에서 여러 번 해봤는데 아무래도 어머니 손맛이 안 나서요."

"비법이랄 게 뭐 있어. 물 적당히 넣고 볶다가 불 조절만 잘하면 되지."

"아, 그렇구나! 어머니는 불 조절을 어떻게 하시는데요?"

미역국은 그녀도 웬만큼 할 줄 알았다. '그것도 못 하냐'고 통박 당할 위험을 무릅쓰고 꺼낸 질문이 고부간 대화의 양념 노릇을 톡톡히 했다.

"도라지무침은 어떻게 하신 거예요?"

"뭐 어렵다고 그런 걸 물어?"

"할 줄은 아는데 어머니처럼 할 자신은 없어요."

"그릇 가져와 봐라."

두 번째 고비도 무리 없이 넘어가자 고부간 대화에 탄력이 붙었다. 연수는 시어머니 옆에서 옷소매를 걷어붙이고 열심히 조리법을 배웠다. 그녀가 자꾸 질문하는 통에 정 여사도 말이 많아졌다.

"웃으니까 보기 좋구만."

평소 큰며느리한텐 안 하던 덕담을 건네기도 했다. 다소 의아한 표정으로 이 모습을 지켜보던 동서가 시어머니 없는 새 쪼르르 달려왔다.

"어떻게 된 거예요, 형님?"

"뭐가?"

"어머니랑 분위기가 완전 달라서요."

"그래 보여?"

"두 분이 어찌나 다정해 보이는지 샘이 다 나더라니까요?"

"그럼 작전 성공이네?"

"무슨 작전이요?"

"그런 게 있어."

"뭔데요, 그게?"

"비밀이야, 그건."

연수는 어리둥절해하는 그녀에게 모처럼 환하게 웃어 보였다.

말은 할수록 늘고
저울질은 할수록 줄어든다

말수가 적은 상대 앞에서 대화를 이어가기 어려울 땐 질문을 활용하는 방법이 효과적이다. 질문이 '그렇다' '아니다'로 단답형으로 끌어내는 것이 아니라 내용을 풍부하게 담는 게 포인트.

중간중간 '어떻게요?' '이렇게요?' '아. 그렇네요!' 재질문과 감탄사를 섞어가며 상대를 적극적으로 이야기에 끌어들이는 방법이다.

'내가 이렇게 말하면 싫어할 거야' '원래 그런 분이니까' '나하고는 안 맞아.' 일방적인 잣대로 관계를 규정하지 말자. 돌로 쌓은 벽은 무너지면 그만이지만 사람과 사람 사이의 벽이 허물어지면 새로운 통로가 생기는 법이다.

승자가 필요 없는 대화

"언니, 저한테 잠깐 시간 내줄 수 있어요?"

퇴근 시간에 맞춰 다솜의 전화가 걸려 왔다. 안 그래도 짬을 봐서 연락해보려던 참이었다. 몇 달 만에 보는 얼굴이 많이 상했다.

"별일은 아니구요. 그냥 기분이 꿀꿀해서….”

"저녁 먹을래?"

"술 사주세요."

"그러자."

연수는 그녀를 가까운 주점으로 데려갔다.

"언니 동생이 얼마나 나쁜 놈인지 아세요?"

다솜은 연거푸 맥주를 두 잔이나 들이켜고 나서야 말문을 열었다. 노릇하게 구워 접시에 놓아준 양꼬치는 입에도 안 댄 채였다.

"뭘 잘했다고 전화도 안 받는 거 있죠?"

"싸웠어?"

"몰라요, 나도."

싸웠다는 건지, 안 싸웠다는 건지.

배추 꽁다리를 우적우적 씹어대는 눈빛이 마냥 허허롭다. 연수는 그녀를 위로할 말을 찾지 못해 애꿎은 양꼬치만 부지런히 뒤집고 있었다.

"안주도 먹어가면서 마셔."

"배도 안 고파요."

"그러다 몸 상해."

"혼자만 잘났지. 남자가 저 하나뿐인 줄 안다니까요?"

계속 엇나가는 대화의 행간에 담긴 뒤숭숭한 속마음이 연수에게 읽혔다. 상심이 큰 탓일까. 그저 지켜볼 수밖에 없는 심정도 착잡하기만 했다. 밝고 당당했던 그녀가 이렇게 약한 모습을 보일 땐 보통 심각한 일이 아닐 터였다.

"나쁜 자식!"

"다솜이 많이 힘들었구나."

"언니! 정말로 끝장을 내버릴까 봐요."

급기야 다솜은 눈물을 보였다.

"그래, 그래."

옆으로 다가앉은 연수는 티슈를 뽑아 건네며 말없이 등을 토닥였다.

'그 녀석이 오죽 못되게 굴었으면.'

엄마한테 살갑게 대하는 걸 볼 때마다 친동생이라면 좋겠다 싶은 생각이 들곤 했었다. 어쩌면 그녀를 잃게 될지도 모른단 생각에 가슴이 쓰리고 아팠다.

'경수 너무 미워하지 마. 뜻대로 되는 게 없어서 그래.'

'걔한텐 너밖에 없는 거 알잖아.'

'그래도 속은 착한 애야.'

'니들 싸운 게 하루 이틀도 아닌데 왜 그래?'

남동생을 편들어 설득하고 싶은 마음 굴뚝같았으나 꾹꾹 눌러 삼켰다. 정말로 끝장낼 생각이었다면 이러고 있지도 않을 것이다.

언제나 약자는 더 많이 사랑하는 사람이다. 이 상황에선 어떤 말도 위안이 되지 못한다는 걸 남편 희중과 3년 남짓 지난한 연애사를 통해 지겹도록 깨우친 연수였다.

– 왜냐고 묻지 않아줘서 고마워요. 언니.–

밤중에 다솜에게 톡이 왔다.

'넌 항상 씩씩해서 좋아. 만나서 반가웠다. 피곤할 텐데 푹 자렴!'

이것도 꼰대질이다. 설령 그녀가 '네, 언니두 굿밤하세요' 답신을 보낸들 오늘 같은 날 굿밤이 가당키나 하겠는가. 연수는 썼던 글귀를 지우고 응원의 이모티콘을 보냈다. 그러고는 동생 경수에게 톡을 보냈다.

-지난번엔 내가 선을 넘었어. 진심 미안해.-

1이 사라지고 얼마 안 있어 짧은 답이 왔다.

-다솜이 만났단 얘기 들었고. 나도 잘한 건 없어. 자.-

'멋대가리라곤 한 푼어치도 없는 녀석!'

그녀도 답장을 보냈다.

-그래, 자라.-

고민은 함께해도
문제를 나눠 가질 순 없다

남녀 간에 문제가 생겼을 때 주변에서 도울 수 있는 일은 많지 않다. 고민을 끝낼 방법을 아는 건 당사자들뿐이다. 헤어지든 용서하든 다시 시작하든 선택은 둘만의 영역이다.

그냥 두고 보기 안타깝다고 섣불리 해결사 노릇을 하려고 들지 말자. 그가 원하는 걸 당신은 가지고 있지 않다.

위로가 필요한 가족에겐 허다한 설득의 말보다 한 번의 스킨십이 절실할 수도 있다. '나는 네 감정을 이해하고 있어' 공감의 언어가 꼭 입에서 나와야 하는 건 아니다. 듣는 귀를 열어놓고 가만히 들어주는 것으로도 충분하다.

침묵도 배려다

시아버지 칠순 날.

청담동 본가 아래위층이 손님들로 북적거렸다. 형제끼리 모인 자리에선 양씨 집안 장녀 화경을 중심으로 희중과 재중이 이야기를 나누었다.

"너넨 둘이 쌍으로 잘나간다며?"

"집사람은 친한 선배 잠깐 도와주는 거야. 누나도 알지? 옆집 살았던 시연 누나."

"알지, 시연이! 걔 별명이 코알라였잖아. 그럼 윤서 엄마가 코알라네 회사로 들어간 건가?"

"그냥 잠깐 봐주는 거라니까."

우연히 시누이와 남편의 대화를 듣게 된 연수는 분위기가 묘하게 돌아간다고 느꼈다. 구체적으로 언제까지 일한다는 얘길 한 적도 없는데 남편은 어째서 유독 '잠깐'이란 말에 방점을 찍는 것일까.

시누이가 별명까지 갖다 붙이면서 선배와 자신을 싸잡아서 깎아내리는 것도 썩 기분 좋지는 않았으나 음식을 해 나르기 바빠 대화에 낄 틈도 없었다.

"딸은 이 집 여자 아닌가? 손가락 하나 까딱 안 하면서 말하는 매너하고는! 어쩜 저렇게 얄밉게 말한대요?"

계단을 내려오면서 경진이 입을 삐죽거렸다.

"고모부랑 같이 온다더니 혼자 나타난 거 보면 뭔 일이 있는 거 맞죠?"

"무슨 사정이 있겠지."

"그니까 그 사정이란 게 말이에요."

"아버님 방에 음식 모자라지 않아?"

경진은 더 하고 싶은 말이 있는 눈치였으나 연수는 단칼에 잘랐다. 그보다는 아까 남편이 했던 말에 더 신경이 쓰였다. 다시 2층으로 올라갔을 땐 그가 시동생에게 말을 거는 중이었다.

"넌 아직 거기 다니냐?"

"거기가 어딘데?"

"제약회사 다니는 거 아녔어?"

"알면서 뭘 물어?"

"네 성격에 한 군데 붙어 있는 게 신기해서 그러지."

"붙어 있지 않으면. 취직이라도 시켜주려고?"

형제간에 오가는 말마다 뾰족하게 날이 서 있다.

"어디 붙어 있을 건지는 내가 알아서 할 문제고. 형은 본인 일이나 신경 쓰셔."

"말꼬리 잡고 늘어지는 버릇은 여전하구나?"

뿔난 형에게 동생의 가시 돋친 말이 연타로 날아왔다.

"곧 죽어도 형한테 신세 질 마음 없단 얘기야."

"너 말을 참 이상하게 한다?"

"왜, 어디가 막 찔려?"

"이 자식이!"

급기야 두 형제가 눈을 부라렸다. 그냥 두면 주먹다짐이라도 할 태세라 아내들이 말리고 나섰다.

"좋은 날 왜들 이러세요? 밑에 친척들도 와 계신데."

"나랑 얘기 좀 해, 여보."

경진이 자기 남편을 끌고 나가는 바람에 형제간 다툼은 일단락되었으나 희중은 분을 못 이겨 얼굴이 붉으락푸르락해졌다. 화경은 그런 큰동생이 영 못마땅한 얼굴이었다.

"보니까 아픈 데를 콕콕 찌르더만. 너도 참 어지간하다."

"누나가 뭘 안다고 그래?"

"모르긴 뭘 몰라? 꼭 그렇게 동생 기를 죽여야 직성이 풀리던? 항상 너만 옳지. 형이랍시고 성질 고약하게 구는 게 어제오늘 일이야?"

"그렇게 잘 알면 좀 빠지라고!"

희중은 버럭 소리를 질렀다. 형제들 앞에서 감정이 폭발한 건 장남으로서 어쩔 수 없는 자격지심이었다. 사실 동생 재중이 직장을 그만뒀다는 얘길 들을 때마다 갈등이 없었던 건 아니었다. 회사로 데려다 일을 시켜볼까 고민해보기도 했다.

언젠가는 그가 직접 회사로 찾아온 적도 있었다.

"형이 부담스럽지만 않으면 뭐라도 열심히 해볼게."

단도직입으로 의중을 내비쳤으나 선뜻 확신이 가질 않았다.

아버지 밑에서 일하기 싫다고 뛰쳐나간 동생이 자기한테 와서 문제를 일으키지 말란 보장이 없었다. 게다가 그땐 회사가 어려워 사람을 더 쓰기도 어려운 처지였다.

'걱정돼서 한마디 한 게 그렇게 길길이 뛸 일이야?'

네 살이나 어린 동생이 바락바락 대들고 나선 게 생각할수록 괘씸한 마당에 누나까지 거들고 나서자 속이 뒤집힌 것이었다.

대화는 타이밍이다

아무리 절망적인 상황에 있더라도 사람은 그 나름의 살기 위한 대안을 갖고 있기 마련이다. 마음으로 껴안는 격려의 말이 아니라면 입 꾹 닫고 지켜볼 일이다. 시시콜콜한 충고나 간섭 따위로 가족을 일으켜 세울 수 있을 거란 환상을 버려라.

좋은 말도 때와 장소가 어긋나면 부작용을 부른다. 하더라도 단둘이 있을 때 하는 게 좋다. 최악인 건 '이 지경이 되도록 몰랐어?' '그러게 잘 좀 하지'라는 식의 죄책감이 들게 하는 몰아대기 화법이다.

당신이 듣고 싶지 않은 말은 그 누구에게도 하지 마라. 설사 그 상대가 가장 아끼고 사랑하는 피붙이일지라도 말이다.

가족이면 다 통한다는 망상

"형만 한 아우 없다."

자라면서 재중은 아버지로부터 귀에 못이 박히도록 이 말을 들어왔다.

도대체 근거가 있기는 한 걸까?

아버지는 또 이런 말도 했다.

"자고로 형제는 수족과 같고 부부는 의복과 같다고 했다. 옷은 낡으면 새것으로 바꿔 입을 수 있어도 끊어진 팔다리는 다시 이어 붙이기 어려운 법이다."

늘 형제간의 우애를 강조했던 아버지였으나 장남과 차남을 철저히 차별했다. 제일 듣기 싫은 소리가 '형은 부모 대신'이란 말이었다.

재중은 아버지 말을 반은 따르고 반은 부정했다. 아무리 잘나도 형은 형이고 부모는 부모다. 부모가 형을 대신할 수 없는 것처럼 형이 부모를 대신할 수도 없다고 생각했다.

형은 아버지의 가르침을 비교적 충실히 따르는 편이었다. 어릴 때 밖에 나가 맞고 들어오면 온 동네를 다 뒤져서라두 때린 녀석을 두들겨 패고서야 집으로 돌아오곤 했다. 초등학교 방학이 끝날 무렵엔 중학생인 형한테 미리 숙제 검사를 받았다. 그 덕에 담임선생님의 체벌을 면할 순 있었으나 게으름 피운 대가로 형이 대신 매를 들었다.

"형이 뭔데 날 때려?"

억울해서 울고불고 난리를 쳐도 누구 하나 편을 들어주지 않았다. 철석같이 믿었던 엄마조차 가슴에 못 박는 말을 했다.

"넌 그저 형이 시키는 대로만 해."

어릴 적 재중의 꿈은 광화문에 있는 이순신 장군 동상처럼 되는 것이었다. 목표는 이순신 장군이 아니라 동상 그 자체였다. 우람한 몸집에 갑옷을 입고 큰 칼 옆에 찬 위풍당당한 모습으로 보란 듯이 형이란 존재를 무찌르고 싶었다.

성인이 되어 몸집은 형보다 커졌으나 그에겐 위용의 핵심인 '큰 칼'이 없었다. 형에게 큰 칼은 실력이었다. 사회에 나가서도 자신의 존재 가치를 확실히 증명해 보임으로써 형만 한 아우 없다는 부모의 가치관을 뒷받침해주었다.

동생인 그가 가진 거라곤 고슴도치의 가시와도 같은 갑옷뿐이었다. 갑옷은 형이라는 이름으로 가해지는 부당한 억압이나 간섭으로부터 자신을 지키는 심리적 보호막 구실을 했다.

형제 관계가 늘 그렇게 나쁘지만은 않았다. 때로 형은 친구 같고 듬직한 인생 선배였다. 오늘 그에게 다시금 심리적 방어기제를 작동하게 만든 건 교묘하게 속을 긁어대는 말투였다.

'회사 잘 다니냐'고 물어도 될 것을 구태여 '아직'이라는 단서를 붙일 게 뭐란 말인가.

직장을 자주 옮긴 건 사실이지만 그때그때 나름의 이유와 사정이 있었다. 잘 알지도 못하면서 다른 형제들 앞에서 사고뭉치 대하듯 하는 태도에 비위가 확 상했다.

이 또한 동생으로서 재중의 자격지심이었으나 형이 직장 얘길 꺼낸 순간 과거에 거절당한 일이 뇌리를 꽉 채웠다. 심사가 편치 않던 차에 오는 말이 삐딱하게 들렸으니 가는 말인들 곱게 나갈 수가 없었다.

"아주버님 너무해. 동생이라고 말을 막 해도 되는 건가?"

아내가 편들어 준다고 하는 말도 위로가 되지 않았다. 가족끼리는 비밀이 없기에 일반적인 인간관계에선 대충 눙치고 넘어갈 수도 있는 변명이나 허세가 통하지도 않는다. 2년 만에 집에 온 누나 앞에서 자리를 박차고 나온 건 그런 연유에서다. 까닭이 무엇이든 형만이 알고 있는 자신의 약점이 까발려지는 게 아주 불쾌하고 치욕스러웠다.

"다 널 위해서 하는 말이야."

형이 산소리할 때마다 지겹도록 들어온 말이다. 선의가 항상 옳은 것만은 아니다. 가족이라고 해서 드러내고 싶지 않은 일을 공유할 권리는 없다. 형이니까, 식구니까, 단지 위해준다는 명목으로 아무렇지도 않게 내뱉은 말이 당사자에겐 잔인한 폭력이 될 수도 있다는 걸 왜 모를까.

형이 안정적으로 사회생활을 하는 것에 비해 앞날이 불투명한 그로선 직장 문제가 화제에 오르는 것 자체가 달갑지 않았다.

내 입장을 배려해줄 순 없었을까.

"솔직히 자기도 잘한 건 없어. 아주버님은 궁금해서 물어보는데 말끝마다 퉁퉁거리고. 그게 그렇게까지 화낼 일이야?"

"궁금한 인간이 말을 그따위로 해?"

"그럼 어떻게 말했어야 하는데?"

아내의 질문에 답하기 전에 재중은 생각했다. 근황을 알고 싶었다면 비아냥대는 투로 말을 던질 게 아니라 최소한 존중의 의미를 담았어야 옳다. '네 성격에 한 군데 붙어 있는 게 신기해서 그러지'를 '다닐 만해?' 정도로 물었다면 이렇게까지 심사가 뒤틀리진 않았을 거다.

"어쩌겠어. 그래도 동생인 자기가 참아야지."

"참긴 뭘 참아!"

재중은 버럭 소리를 질렀다. 어떻게든 남편을 달래보려다 졸지에 벼락을 맞은 아내도 소리를 질렀다.

"왜 나한테 화를 내? 당신은 내가 그렇게 만만해?"

가족은 아무 말이나 해도 되는
대나무숲이 아니다

서로를 너무 잘 알아서, 혹은 너무 몰라서 아픈 데를 더 아프게 찌르는 게 가족이다. 몇 마디 말로 가족관계가 회복 불능의 상태가 될 수도 있는 건 이런 연유에서다.

그런 만큼 '사랑해서' '아껴서' '잘되라고' 따위 변명은 집어치워라. 사랑하면 상처를 주지 말 일이고 아끼면 더 아껴줄 일이다. 잘되라고 하는 말이 인내의 한계를 부른 경험이 당신에게도 있을 것이다.

한솥밥 먹는 식구끼리도 드러내고 싶지 않은 잘못이나 실수가 있을 수 있다. 본인이 제 입으로 말하지 않는 이상 당장 오늘이 아니면 무슨 일이라도 날 것처럼 옳으니 그르니 따지려고 들지 마라.

삶이라는 전쟁터에서 가족은 최후의 보루가 되어야 하지만 또 다른 인생의 전쟁터가 될 수도 있다.

칼로 물 베기와
칼로 칼 베기

"당신 아까 그거 무슨 뜻이야?"

"뭐가?"

"내가 잠깐 선배 일 봐주는 거라며?"

"그 얘길 꼭 지금 해야겠어?"

운전석의 희중은 벌컥 짜증을 냈다. 형제들과 한판 붙은 일로 기분이 엉망인 것도 있지만 딱히 대꾸할 말이 궁하기도 했다.

사실 형제들 앞에서 한 말은 희망 사항이었다. 은서는 대학 입시를 준비해야 하고 준서는 곧 고등학생이 된다. 아내가 일에 열정을 쏟는 건 알지만 아이들 학업에 더 신경을 써주기를 바랐기에 나온 소리였다. 그 얘길 할 때 아내 표정이 굳어지는 걸 보고 아차 싶긴 했다. 그렇다고 상황 안 좋은 거 뻔히 알면서 정색을 할 건 뭐란 말인가.

"그게 그렇게 어려운 얘기야?"

연수는 노골적으로 언짢은 심사를 드러냈다.

"내가 하지도 않은 말을 꺼낸 이유가 궁금해서 이러는 거잖아."

곧 직장을 그만두는 게 기정사실인 것처럼 떠벌여놓고 이렇다 저렇다 해명도 없이 어물쩍 넘어가려는 남편의 태도가 못마땅한 것이다.

"한심한 새끼!"

갑자기 남편이 거칠게 차를 몰면서 욕지거리를 내뱉었다.

"운전을 왜 저따위로 하는 거야!"

상대는 자기와 상관도 없는 앞차 운전자였다.

"개나 소나 운전대만 잡으면 장땡인 줄 알지."

지금 기분 안 좋으니 묻지도 따지지도 말란 신호다.

'당신이 더 한심해.'

사고라도 날까 봐 겁이 난 연수는 목까지 올라온 말을 억지로 눌러 삼켰다. 다음 날 그녀는 울적한 기분을 안고 상계동으로 향했다. 이럴 땐 친정엄마 집밥만큼 위안이 되는 게 없다.

"오늘따라 매운 게 당기네. 엄만 아빠랑 안 싸우고 살았지?"

식탁에 마주 앉아 비빔밥 거리를 준비하는 동안 그녀는 아무렇지 않은 척 말을 꺼냈다.

"부부가 왜 무촌인지 아니?"

"이래 봬도 선생인데 그것도 모를까 봐? 부모와 자식은 일촌, 부부는 무촌. 촌수를 따질 수 없도록 가깝고도 먼 사이가 부부라지, 아마?"

"알긴 아네."

콩나물을 다듬다 윤 여사가 빙그레 웃었다. 연수는 그런 엄마를 빤히 쳐다보았다.

"그래서 우리 윤 여사께선 부부싸움을 했다고, 안 했다고?"

"안 싸우고 사는 부부가 다 있다니?"

"의외네? 그냥 해본 소리였는데."

정말 그랬다. 함께 살아온 시간이 길진 않으나 연수가 기억하는 어린 시절 부모는 언제나 한 쌍의 원앙처럼 다정한 모습으로 남아 있었다. 윤 여사는 프라이팬에 소고기를 볶아가며 의미심장한 말을 꺼냈다.

"부부싸움 칼로 물 베기라지만 꼭 그런 것만은 아니더라."

"아니면?"

"칼로 칼 베기."

"드뎌 우리 엄마 경험담 나오는 건가?"

"옛말에 혀 안에 칼이 있다고 했다. 남이라면 피하기라도 하지. 한 이불 덮고 자는 부부라면 어떻겠니? 칼로 물 베기란 건 사정

봐가며 휘두를 때 얘기야. 부부가 서로 입에서 나오는 대로 퍼붓는다고 생각해보렴. 어느 칼에 찔렸는지도 모른 채 부러지고 말 거다."

"오! 전혀 새로운 학설인걸?"

연수는 웃어도 웃는 게 아니었다. 칼로 찌르고 다친 건 결혼생활 15년 동안 이미 충분히 겪어온 일이다. 고추장을 듬뿍 넣은 비빔밥을 금세 한 그릇 뚝딱 비웠다.

"무슨 일 있는 거지?"

윤 여사가 물었다. 딸자식 표정만 봐도 날이 흐린지 맑은지 알아차리는 엄마였다.

"걱정 붙들어 매셔요, 윤 여사님. 우리 부부싸움 한 거 아니거든? 양 서방한테 화난 일이 있긴 한데 어쩔까 생각 중이야."

"화는 풀어야지 속으로 골병들게 뭘 생각하고 말고 해?"

윤 여사는 딸이 복잡한 속내를 드러낼 수 없어 대충 둘러댄 말을 그냥 넘기지 않았다. 연수는 의아하게 엄마를 쳐다보았다.

"오늘의 결론은 참고 살라는 거 아녔어?"

"참긴 왜 참아? 잘 싸우면 되지."

"어떻게?"

"얼른 가서 양 서방 좋아하는 찌개부터 끓여."

윤 여사가 내린 처방은 간단명료했다.

이 싸움의 목적이 무엇인지
염두에 두어라

상대를 굴복시키기 위한 것인가 아니면 잘해보기 위한 것인가.

다툼의 원인과 목적을 분명히 하고 대화를 시작하면 감정싸움으로 격화될 위험이 줄어든다. 해결할 문제가 있으면 당장 벌어진 사건만을 주제로 이야기하는 게 막장을 피하는 길이다.

부부만큼 서로의 급소를 잘 아는 상대는 없다. 잘해보자고 시작한 대화가 논쟁으로 흐르지 않도록 주의하라. 본질은 사라지고 악담이 그 자리를 채울 수도 있다.

화난다고 비아냥대거나 말꼬리 잡고 늘어지지 말고 공격적인 언어를 자제하라. 활활 타는 불에 기름을 들이붓는 격이 된다.

나는 당신을
적으로 생각하지 않아

"싸워도 이겨 먹으려고 싸워선 안 돼. 그게 잘 싸우는 거야. 미리 화가 나 있으면 하는 말마다 독을 뿜게 돼 있어. 경계심이 풀려야 서로 말을 꺼내기가 수월하지 않겠니?"

연수에게 친정엄마의 이 말은 뜻밖의 성찰을 주었다. 남편은 그녀가 기분이 안 좋다 싶으면 아예 입을 닫았다. 언젠가 그 이유를 물어본 적이 있다.

"따지고 드는 덴 당신이 한 수 위잖아. 괜히 말 붙였다가 싸움이라도 나면 나만 골치 아프니까 그러지."

3년을 하루 같이 만났어도 매일 헤어지는 게 싫어 결혼을 선택했다. 그런데 어느 틈엔가 서로 대화를 나누는 것조차 두려워하는 사이가 되었다. 연수는 부부 사이에 생긴 균열의 원인이 자신에게 있을지도 모른다고 생각했다.

'왜 그랬니?' '또 이런 거야?' '다신 안 그런다고 약속했잖아' 오랫동안 아이들을 가르치면서 입에 붙은 말버릇이 대화를 어렵게 만든 건 아닐까?

집에 돌아온 그녀는 남편에게 문자를 보냈다.

–저녁에 당신 좋아하는 꽃게찜 만들까 하는데, 늦어?–

곧바로 답이 왔다.

–7시까지 들어갈게.–

약속 시간을 10분 남겨놓고 남편이 현관문을 열고 들어왔다.

"왔어?"

"응."

"손만 씻고 와. 금방 준비할게."

두 아이 모두 학원 수업이 있는 날이다. 연수는 꽃게찜과 언어회를 식탁에 올리고 와인도 한 병 곁들였다.

"오늘 해가 서쪽에서 떴나?"

"미안해서 그러는 거 다 아니까 마음 놓고 감동해도 돼."

한마디씩 주고받은 농담에 살짝살짝 뼈가 섞였으나 그것이 오히려 어색한 분위기를 풀어주는 역할을 했다. 연수는 다른 때 같으면 이쯤에서 남편이 사과의 말을 건네주길 기대했을 테지만 이번만큼은 그러지 않기로 했다.

"당신은 어떻게 생각할지 몰라도 난 다시 일하게 된 걸 무척 다행으로 생각해. 지금이 제일 행복하기도 하고. 이런 내가 너무 이기적인 건가?"

화법을 바꾸자 전에 없던 반응이 나타났다.

"뭘 또 그렇게 오버를 하고 그래. 내가 뭐랬다고."

본인이 말실수한 일에 대해서도 좀처럼 인정하기를 꺼리던 남편이었다. 이 정도만으로 연수 입장에선 대단한 소득이었다. 이제 대화의 마지막 바통을 넘길 차례였다.

"당신이 정 싫다고 하면 생각은 해볼게."

"마음에 없는 소리 하지도 마."

아내가 원하는 삶이 어떤 건지 누구보다 잘 아는 희중의 입에서 나온 말이었다.

얼마 만의 이심전심인가!

연수는 남편을 사랑스럽게 바라보았다.

"내가 언제 직장을 그만두라고 했나? 하여간 여자들은 상상력이 너무 풍부해서 탈이라니까."

"그래? 난 그런 줄도 모르고 당신 눈치만 살폈지."

"쓸데없는 소리 말고 술이나 마셔."

아내의 시선에 무안해진 희중은 와인을 입으로 가져갔다.

사과를 꼭 입으로 말하고 귀로 들어야 맛인가.

서로가 싫은 소리 하지 않고 할 말 다 할 수 있으면 그것으로 된 거다. 연어회를 남편 앞으로 밀어주면서 연수가 말했다.

"그리고 운전할 때 욕 좀 하지 마. 당신 그럴 때마다 나 무서워서 죽을 거 같아."

"알았어, 알았다고."

이날의 대화는 아내와 남편 모두의 승리였다.

아무도 상처받지 않는 가족의 대화 매뉴얼

설득력 있는 대화의 포인트는
내가 먼저 평상심을 유지하는 것

가족을 적으로 돌릴 게 아니라면 논쟁보다 갈등의 해법을 모색하라. 창도 방패도 버리고 대화에 임할 때 상대는 비로소 무장을 해제한다.

시시껄렁한 다짐에 목매지 말고 양보할 건 양보하라. 작은 실수를 눈감아줄 때 큰 것을 얻는다.

사과를 강요하지 말고 당신이 듣고 싶은 말에 집중하라. '당신은 그게 문제야'와 같이 상대를 도발하는 화법은 싸움을 부른다. '당신은 성격이 시원시원해서 좋은데 어느 땐 딴 사람 같아'와 같이 뒷말에 긍정의 여지를 줄 때 타협의 말문이 트인다.

미숙한 사람은 '당신이 필요해서 당신을 사랑한다'고 하지만,
성숙한 사람은 '사랑하니까 당신이 필요하다'고 말한다.

대체로 강하고 과묵한 사람이 침묵하는 이유는
무슨 말을 해야 할지 모르기 때문인데,
사람들은 그가 단지 말이 없다는 이유만으로 강하다고 평가한다.
-윈스턴 처칠

4부

관계를 해치는
마음의 태도

너 때문이잖아

경진은 신혼 때부터 줄곧 시집살이를 해왔다. 그 당시 시아주버니 자리가 미혼인 바람에 본의 아니게 맏며느리 역할을 떠안게된 것이었다. 형이 결혼만 하면 나가 살자고 했던 남편은 손윗동서가 들어오게 되자 슬쩍 말을 바꿨다.

"아버지 카센터 일을 돕기로 했어. 나더러 한 5, 6년 열심히 일 배워서 직접 운영해보라고 하셔."

한편으로 차라리 잘됐다 싶었다. 분가하려고 모아뒀던 돈을 남편이 펀드로 날려 변변한 집 한 칸 얻지 못할 처지였다. 시부모와 함께 살면 최소한 생활비 걱정은 할 필요 없었다. 하지만 남편이 얼마 못 버티고 시아버지 카센터를 때려치우면서 가업을 물려받을 거란 기대는 물거품이 되고 말았다.

아무것도 모르고 시집왔을 때 그녀는 스물여섯 살이었다. 시어머니가 엄해서 야단도 많이 맞았다. 그럴 땐 타고난 천성이 명랑한 탓도 있지만 남편의 위로가 큰 힘이 돼주었다.

"당장 지구가 망해도 넌 내가 꼭 지켜줄게!"

다소 허풍이 세긴 해도 심지 하나만큼은 한결같은 남편이었다. 마흔이 가까워진 요즘도 종종 별것 아닌 일로 시어머니 잔소리를 들어야 했지만 가능하면 속에 담아두지 않으려고 노력해왔다.

손윗동서와는 여러 면에서 차이가 났다. 무엇보다 그녀는 자기 직업을 갖고 있다. 직장 경험이 없는 자신에 비하면 어린이집 원장이라는 제법 그럴듯한 타이틀을 달고 활발하게 사회생활을 하는 그녀가 부러울 때가 많았다.

"주말에 희중이네도 불러 저녁 먹을까?"

"그러자, 그럼."

시누이 화경의 제안에 시어머니 정 여사는 얼굴에 화색이 돌았다. 시아버지 칠순 날 삼남매가 언쟁을 벌인 후로 처음 있는 가족 모임이다. 경진은 손윗동서에게 전화를 걸었다.

"호주 형님 소집인데 오실 거죠?"

"응, 바쁜 일만 처리하고 건너갈게."

"몇 시쯤이요?"

"4시나 5시?"

'기가 막혀서!'

혼자 장 보고 재료 준비까지 다 해놓으란 얘기다. 매번 이런 식이다. 해도 해도 너무한다 싶었다.

남편 재중은 막 자려고 침대에 누워 있었다.

"형님 너무하는 거 아냐?"

"뭐가?"

"맏며느리가 좀 일찍 와서 거들면 안 돼?"

"직장 다니잖아."

"그날 토요일인 거 몰라?"

"사정이 있겠지."

"사정은 자기만 있나? 여러 식구 밥 먹이는 게 쉬운 일이야? 그걸 나 혼자 하게 생겼다고."

마누라 힘든 건 모르고 무조건 형수를 싸고도는 남편이 야속해서 한 말이었다. 자신을 수다쟁이 취급하면서 곁을 주지 않는 손윗동서에 대한 반감도 실려 있었다. 그런 그녀에게 남편이 버럭 짜증을 냈다.

"불만 있으면 직접 말하지 왜 자꾸 나한테 시비야?"

"자긴 지금 내가 시비 거는 걸로 보여?"

"그래서, 하고 싶은 말이 뭔데?"

"내가 이 집 가사도우미냐고!"

돌아오는 말마다 그녀의 화를 돋웠다. '형수도 참. 당신이 힘들 겠네'라고 적당히 맞장구를 쳐줬더라면 서운한 감정이 덜했을 것이다.

"한두 번도 아니고, 그 소리 지겹지도 않냐? 난 모르겠으니까 여자들끼리 알아서 해."

재중은 아예 듣는 귀를 막아버렸다. 툭하면 해결해줄 수도 없는 문제를 들고나오는 아내를 상대하기엔 심신이 너무 고단했다.

"난 뭐 좋아서 이러고 사는 줄 알아?"

남편에 대한 원망이 지나쳐 경진의 입에선 해선 안 될 말이 튀어나와 버렸다.

"누가 그러는데 10점짜리 남자 만나면 10점짜리 인생 살고 100점짜리 남자 만나면 100점짜리 인생 산다더라."

"무슨 뜻이야, 그거?"

자는 척 돌아누운 남편이 고개를 돌렸다.

"아주버님 결혼하면 분가하자며? 누울 자리 보고 다리 뻗으랬다고 그걸 또 믿은 내가 바보지."

재중으로선 선전포고도 없이 핵폭탄을 맞은 꼴이었다.

"…말 참 예쁘게도 한다."

"그러게 진작 잘 좀 하지 그랬어."

"너 때문에 내가 되는 일이 없어."

감정이 선을 넘는 순간 부부는 서로에게 남보다 못한 상처를 남긴다.

비난에도 정도가 있다

지난 일을 들춰서 얻을 수 있는 건 원망과 후회밖에 없다. 사람은 현재에 살고 과거는 되돌릴 수 없기 때문이다. 물고 뜯기는 싸움의 끝은 서로의 감정을 만신창이로 만들 뿐이다.

말싸움이 인격을 건드리는 지경에 이르면 막장이 펼쳐진다. 상황이 악화하기 전에 숨을 고르는 지혜가 필요하다.

상대는 이 싸움에 이겨서 끝장을 내야 하는 원수나 적이 아니라 당신이 사랑하는 사람이다. 그래도 분이 치받치거든 아예 그 자리를 피하는 게 상책이다. 눈에서 멀어지면 날 선 감정도 무뎌지기 마련이다.

그래서 뭐 어쩌라고?

같은 시각 화경의 방.

"남 서방은 잘 지내지?"

"알고 싶은 게 뭔데?"

"아니, 그냥 궁금해서 그러지. 별일은 없는 거지?"

정 여사가 이러는 건 아무래도 석연치 않은 게 있어서다. 사위가 장인 칠순에 오지 않은 건 사정이 있으려니 했다. 그런데 딸은 잔치 끝난 뒤로도 호주로 돌아갈 생각이 없는 것처럼 보였다. 무슨 사달이 났어도 단단히 났지 싶었다.

"그만해, 엄마."

"뭘 그만해?"

"엄마가 나한테 이러는 거, 프라이버시 침해란 거 알지?"

"원, 별!"

화경은 걱정스럽게 자신을 바라보는 엄마를 등 떠밀어 내보내곤 도로 침대에 몸을 묻었다.

- 언제 와? -

- 나더러 어쩌라고? -

호주에 있는 남편에게 계속 톡이 왔으나 답하지 않았다. 그녀는 지금 2년 남짓 이어온 결혼생활을 정리할까 고민 중이다.

아는 사람 하나 없는 타지에서 신혼살림을 시작했지만 둘이 함께 있는 것만으로 넘치도록 행복했다. 부부간에 틈이 생긴 건 그가 밖에서 사람들을 집으로 끌어들이면서다.

일곱 살 연하의 남편 장호는 호주에서 택배 사업을 시작했다. 주변에 아는 사람이 없기는 별반 다르지 않았으나 그는 주말마다 홈 파티를 열었다. 어쩌다 통성명하게 된 이웃이거나 자기보다 먼저 입국한 이민자들이거나 사업에 도움이 될까 싶으면 의논도 없이 집으로 초대하곤 했다.

"알고 보면 좋은 사람들이야. 당신도 금방 좋아하게 돼."

장담과는 달리 남편이 데려온 '좋은 사람들'을 그녀는 좋아할 수가 없었다. 심지어 남편에게조차 과연 그들이 좋은 사람들인지 종종 의문이 들었다. 누군가는 남편이 지닌 사업자금에 더 관심이 있는 듯했고 누군가는 공짜술 얻어먹는 재미에 자리를 꿰차고 있는 듯 보이기도 했다.

그렇지만 주말이면 어김없이 집으로 들이닥친 낯선 사람들을 위해 요리하고 상냥하게 웃어 보일 수 있었던 건 어떻게든 남편이 자리를 잡아가길 바랐기 때문이다.

심성이 순수하고 정이 많은 남자였다. 그런 만큼 상처받기 쉬운 성격이었다. 주말 파티가 끝나면 거의 매번 후유증이 남았다. 관계 맺음에 서툰 남편의 푸념을 들어줘야 하는 감정노동은 오롯이 그녀의 몫이었다.

"다른 사람들과 엮이는 거 불편해. 집에서 보는 일은 없게 해줘."

대놓고 힘든 내색을 하기도 했다. 그때마다 남편과의 대화는 판에 박힌 듯 그 자리를 맴돌았다.

"집에 오고 싶다는데 오지 말라고 해?"

"그럼 나중에 스트레스 받질 말던가."

"내가 그렇게 멍청한 인간으로 보여?"

"당신이 남 얘기하는 거 나한테도 스트레스야."

"그래서 뭐 어쩌라고?"

말문이 막히면 으레 튀어나오는 남편의 '어쩌라고?'가 때마다 부부간 대화의 종결어미 구실을 했다. 마지막 '어쩌라고'는 한국에 오기 이틀 전에 들었다.

이번에 빠진 상대는 부동산 중개업을 하는 교포라는데 딱 봐도 사기꾼이었다. 입지 좋고 풍광 좋은 전원주택을 헐값에 사게 해주겠다고 꼬드기는 말에 혹한 남편이 그를 집으로 데려왔다.

"잘 알아보긴 한 거야?"

"믿어도 되는 형님이야. 특별히 나한테 기회를 준 거라고."

"난 그 사람 왠지 믿음이 안 가."

"당신이 그 형님을 잘 몰라서 그런 거야. 내가 알아서 할 테니까 나중에 고맙다고 인사나 해."

여차하면 전 재산을 날릴지도 모를 일을 덜컥 저지르려는 남편에게 뒷감당을 어떻게 할 건지 묻자 돌아온 대답이 결국 '나더러 어쩌라고?'였다.

갈등의 본질을 파악하라

이 문제가 나의 삶에 영향을 미치는 정도는 얼만큼인가. 이겨야 할 싸움인가, 아닌가. 답이 정해졌다면 긴 싸움을 준비해야 할 수도 있다.

예컨대 무의미한 경청이나 원치 않는 사교를 강요받는다고 느낀다면 당신이 감정노동에 시달리고 있다는 방증이다. 이는 반드시 이겨야 할 싸움이다. 듣고 따르기만을 요구하는 건 군대나 종교단체의 화법이다. 의무감이 따르는 친절도 마찬가지다.

가족이 누군가를 '좋은 사람'으로 지칭할 땐 과연 누구에게 좋은 사람인가를 따져볼 필요가 있다. 그가 말하는 좋은 사람이 당신을 힘들게 한다면 이렇게 말하라.

"당신 판단은 존중할게. 내 생각은 다르다는 것도 인정해줄 거라고 믿어."

그래도 상황이 달라지지 않는다면 더 이상 들어줄 까닭이 없다. 당신 인생이 걸린 문제다.

너나 잘해

토요일.

가족 모임 준비로 분주하게 움직이다가도 경진은 중간중간 한숨을 몰아쉬었다. 손윗동서 때문에 쌓인 스트레스를 남편에게 위로받자고 꺼낸 말이 결과적으론 서로를 할퀴고 물어뜯는 흉기가 되어버렸다.

'나 때문에 되는 일이 없다고?'

남편이 한 말을 곱씹을수록 울컥 노여운 감정이 올라왔다. 채소를 다듬다가도, 마늘을 찧다가도, 그릇을 준비하다가도 온통 그 생각뿐이었다. 따지고 보면 이게 다 손윗동서 때문에 벌어진 일이다.

정확히 오후 4시 30분에 손윗동서 연수가 백화점 쇼핑백을 양

손에 들고 현관을 들어섰다.

"어머니, 늦어서 죄송해요. 하필이면 오늘 상담이 잡혀서요."

"식구끼리 밥 먹는 거야 일이 바쁘면 늦을 수도 있지."

웬일로 시어머니는 큰며느리 대하는 말투가 전에 없이 나긋나긋했다. 시아버지 칠순 때 점수를 후하게 얻은 덕일 것이다.

"세일 마지막 날이라 어머님 아버님 건강보조제랑 식구들 물건 몇 개 샀어요. 그리고 이건 형님 선물이에요."

"내 것도 있어?"

"그럼요."

큰며느리가 가져온 선물 보따리를 푸느라 거실이 떠들썩했다. 그동안 경진은 혼자서 나물을 무쳤다.

'지금 저러고 있을 땐가?'

듣고 있자니 부아가 끓었다.

"일찍 온다고 왔는데 미안해, 동서. 나 뭐 할까?"

주방에 들어온 그녀는 호기롭게 팔을 걷어붙이는가 싶더니 나물 그릇으로 손이 먼저 갔다.

"역시 나물은 동서가 무친 게 제일 맛있어. 어쩜 이렇게 간이 딱 맞지?"

"달리 재주가 없으니 이런 거라도 잘해야죠."

"암튼 난 동서가 부러워. 갈비는 내가 재어 왔어."

손윗동서가 간단하게 말꼬리를 돌리는 통에 약이 바짝 오른 경진은 신경질적으로 행주를 탈탈 털었다.

"동서, 뭐 안 좋은 일 있어?"

연수는 그녀를 의아하게 쳐다보았다.

"집에서 펑펑 노는 사람이 기분 나쁠 게 뭐 있어요."

손아랫동서 입에서 찬바람이 쌩쌩 불었다.

'편하게 오라더니, 화난 건가?'

영문을 모르는 사이.

"엄마, 나 학원 가."

학원 가방을 메고 나타난 민혁이가 주방을 들여다보면서 큰엄마한테 인사를 건넸다.

"큰엄마, 안녕하세요?"

"응, 잠깐만?"

연수는 지갑에서 용돈을 꺼내 주면서 평소 하던 대로 장난을 걸었다.

"가방에 뭐가 들었길래 이렇게 무거워? 민혁이 공부 엄청 열심히 하나 보네?"

"뭐, 그럭저럭요."

"그럭저럭하면 안 되는데? 학원비가 아깝다, 얘. 가방에 게임기 같은 거 들어 있는 거 아니지?"

"아니에요."

민혁이는 헤 웃고 나갔으나 경진은 저절로 이맛살이 찌푸려졌다. 내성적인 성격의 아들이었다. 애가 쑥스러워 말을 잘 못 하면 적당히 그칠 일이지 게임기라니! 그것도 농담이라고 내뱉고 실실 웃지만 않았어도 이렇게까지 불쾌한 기분이 들진 않았을 것이다.

"애한테 그게 무슨 말이에요?"

"무슨 말?"

"학원비 아깝다면서요? 애 아빠도 나도 애한테 기죽이는 말은 안 해요."

"공부 열심히 하라고 한 얘긴데 그렇게 들렸어? 기분 나빴다면 미안해, 동서."

"'기분 나빴다면'이 아니고 기분 나쁘다구요."

사과에 단서가 붙었다는 점이 또 경진의 비위를 긁었다.

"알았어, 내가 미안해. 근데 동서….

연수는 하려던 말을 미처 끝맺지도 못했다.

"민혁이가 공부를 열심히 하는지 어떤지 형님이 뭘 안다고 그러세요?"

결국 경진은 감정이 폭발하고 말았다. 평소라면 한 귀로 듣고 한 귀로 흘렸을 이야기였으나 그간에 쌓인 불만이 아이와의 대화를 빌미로 터져버린 것이었다.

연수는 어이가 없었다. 집안 대소사를 앞두고 직장에서 일찍 빠져나올 상황이 안 되면 시어머니보다 동서 눈치가 더 보였다. 미안한 마음에 봉투를 건네기도 했고 아까워서 못 쓰는 향수나 화장품 따위를 선물하기도 했다. 일한다는 핑계로 아랫사람 독박 씌운다는 소리 안 들으려고 노력한 건 당연지사가 되고 조카한테 농담 한마디 했다고 이런 수모를 당해야 하나 싶었다.

"여지껏 몰랐는데 동서 많이 꼬였네."

맞은 자리가 아픈 만큼 뱉어내는 말에도 감정이 실릴 수밖에 없었다. 돌아오는 말은 '너나 잘하세요'였다.

"네, 저 꼬인 건 제가 알아서 할 테니까 형님은 형님 애들이나 신경 쓰세요."

가족이라서
당연히 해도 되는 말은 없다

웃자고 한 소리도 코드를 잘못 맞추면 악담이 된다. 악의가 있고 없고는 듣는 사람의 몫이기 때문이다.

아무리 못마땅한 일이 있어도 극단적인 표현은 삼가야 한다. '너나 잘해'라는 식의 관계를 내치는 화법을 '나라면 이렇게 할 텐데'라고 개선의 여지를 주는 화법으로 바꿔보자.

가족이라고 남이 되지 말란 법은 없다. 가까울수록 적당한 심리적 거리 두기가 필요한 이유다. 비판할 일이 있더라도 '뭔가 착각한 거지?'라며 최소한의 체면을 지켜주어야 뒤끝이 남지 않는다.

어떻든 나와는
상관없는 일이야

속사정이 어떻든 가족 모임은 제시간에 이루어졌다.

"왔냐?"

"왔어?"

희중과 재중은 떨떠름하게 인사를 주고받았다.

"니들은 꼭 이 누나가 불러야 오냐?"

화경은 아무렇지 않은 듯 농담을 건넸으며, 며느리들은 티 나지 않게 신경전을 벌였다. 양 회장 부부만이 이날따라 다소 들뜬 모습이었다.

"느이 아버지가 좋은 일 많이 하셨는갑더라. 나도 좀 끼워줄 것이지, 원. 까맣게 모르고 있었지 뭐냐?"

정 여사가 구청에서 발행하는 신문을 펼쳐 보였다. 양 회장이 시민 봉사상 수상자로 선정되었다는 기사가 실려 있었다.

"대박!"

뜻밖의 희소식이 자식들에겐 공통의 화제를 선사했다. 저녁 식사를 마치고 양 회장 부부가 방으로 돌아간 뒤 화경이 먼저 대화의 물꼬를 텄다.

"아버지도 참 대단하셔. 그 연세에 웬 봉사활동?"

"진짜 의외네. 넌 뭐 아는 거 없어?"

희중은 누나에게 화답하면서 은근슬쩍 동생에게 바통을 넘겨 양쪽 모두에게 화해의 제스처를 보냈다.

"카센터에서 일할 때 딱 한 번 아버지 따라서 양로원에 가본 적은 있지."

"어머! 언제?"

"당신이 응급실에 실려 간 날."

"자기가 곤드레 비빔밥 사 오기로 했던 그날?"

적극적으로 대화의 빈틈을 파고든 아내의 질문으로 부부간 철벽이 녹아내릴 조짐을 보였다.

"가능하면 우리도 가끔 시간 내서 아버님 하시는 일 도와드리는 건 어떨까요?"

"역시 큰며느리는 다르네! 둘째도 오늘 고생 많았고. 울 엄마 아버지 며느리 복 하난 끝내준다니까? 니들은 결혼 잘한 거야."

올케들을 향한 화경의 엄지척은 아슬아슬 감정의 줄타기를 하는 동서지간에도 어색한 미소를 주고받게 했다.

"니들은? 누나는 아니라는 것처럼 들리는데?"

"우리끼리 하는 말인데."

무심코 던진 희중의 물음에 결심한 듯 화경이 입을 열었다.

"어쩜 나 이혼할지도 몰라. 이유 같은 건 묻지 말고."

그녀의 폭탄 선언은 누구도 예상치 못한 일이었다.

"지금 장난해?"

둘째가 침묵을 깨고 나섰다. 이때부터 대화는 걷잡을 수 없는 방향으로 흘러갔다.

"결혼한 지 얼마나 됐다고 벌써 이혼 얘기가 나와?"

"아버지 칠순에 혼자 온 거 보고 일 터진 줄 알았어."

"그 인간이 바람이라도 피운 거야?"

"덜컥 호주로 따라간다고 할 때부터 어째 불안불안하더라니!"

화경은 동생들이 화낼 만도 하다고 여겼다. 가족의 반대를 무릅쓰고 강행한 결혼이었다. 들리는 말마다 폐부를 찔렀으나 함부로 넘겨짚지 말라고 따지고 들 기운도 없었다.

"나도 이게 장난이라면 좋겠다."

"이유가 있을 거 아냐, 이유가!"

"아직 결정된 건 아니니까 너무 흥분하지 좀 마라."

"그럴 거면 뭐하러 얘길 꺼냈어? 사람 심란하게."

"나한테도 생각할 시간이 필요해서 그래."

화경의 호소에도 동생들은 좀처럼 흥분을 가라앉히질 못했다.

"뭐, 어쩌겠어. 본인 일은 본인이 알아서 하는 거지."

막내 재중의 얼굴에 서운한 빛이 스쳤다. 화경은 잠시 망설였다. 기왕 말이 나온 터였다. 이쯤에서 동생들이 귀를 열어주었더라면 허심탄회한 대화가 오갈 수도 있었다. 그러나 그럴 기회는 주어지지 않았다.

"어차피 인생 혼자야."

냉소적으로 덧붙인 희중의 말 한마디가 위로받고 싶은 그녀의 심정에 차가운 장벽을 만들었다.

"솔직히 우리가 무슨 상관이냐고. 안 그래?"

듣지 않으려거든
말하지도 마라

혀끝으로 베인 상처가 평생을 간다. 힘들어하는 가족에게 '상관하고 싶지 않다'라고 상처에 소금을 뿌리진 말자. 지금 당신은 그가 어떤 상황이든 도움이 돼주고 싶지 않다고 말하는 것이다.

위로가 필요한 가족에게 당신이 해줄 수 있는 건 대체로 2가지다. '내가 뭐 도와줄 건 없고?' 마음에서 우러난 응원의 말 혹은 '당신 곁엔 내가 있어'라는 격려의 메시지다. 이도 저도 아니라면 차라리 입을 다물자.

때론 솔직함이 위선보다 더한 독이 된다.

형제들이 각자 뿔뿔이 흩어진 뒤 경진은 먼저 남편과 대화를
시도했다.

"호주 형님 말이야."

시누이 얘길 꺼낸 건 부부싸움 끝에 쌓인 감정을 풀 구실이 필
요해서다.

"좀 이상하긴 했어."

"뭐가?"

"고모부랑 통 연락을 안 하는 것 같더라구."

"그러거나 말거나."

재중은 짜증스럽게 대꾸했다. 그 역시 정신이 온통 누나한테
쏠려 있었으나 머릿속이 복잡해 별로 이야기할 기분이 아니었다.

"종일 방에만 처박혀 있고. 대체 무슨 일이람."

남편의 불편한 기색에도 불구하고 경진은 계속해서 말을 이어 갔다.

"그 나이에 이혼한다고 뾰족한 수가 있는 것도 아닐 텐데. 웬만하면 참고 살지."

"아직 결정된 거 아니라잖아."

"나 눈치 백 단인 거 몰라? 아무래도 낌새가 심상치 않아."

아내의 단정적인 말투가 재중에겐 씁쓸한 뒷맛을 남겼다. 남일이라고 너무 쉽게 말한다 싶은 것이다. 그 자신부터 누나의 이혼이라는 극단적인 상황을 받아들이고 싶지 않기 때문이다.

"엄마나 아버지는 누나 얘기 모르게 해."

"당연하지! 그랬다간 난리가 날 텐데. 아버님 어머님을 내가 몰라?"

"알면 됐고."

"하여간 호주 형님도 어지간해."

재중은 더 나가기 전에 입을 닫을 심산이었으나 아내는 전혀 그럴 생각이 없어 보였다.

"결정된 게 아니면 확실해졌을 때 말을 꺼내든지 할 것이지 이게 뭐야? 평지풍파도 유분수지."

"…."

"아주버님도 그래. 괜히 엉뚱한 얘길 꺼내서 상황 곤란하게 만들고. 분위기 딱 보면 모르나?"

"좋은 얘기할 거 아니면 그만 좀 하지?"

재중은 점점 부아가 났다. 안 그래도 속이 편치 않은 판국에 식구들 험담까지 하는 아내가 밉살맞은 거였다.

"그저 나만 못된 년이지."

경진은 발끈했다. 편들어 주자고 한 얘길 가지고 정색을 할 건 뭔가 싶은 것이다.

"말이라도 가려서 하든가, 그럼."

아내가 서운해하는 내막을 살필 겨를이 없는 남편의 말투는 싸늘하기 그지없었다. 경진으로선 얼굴이 화끈거릴 수밖에 없었다. 작심한 그녀가 공격의 포문을 열었다.

"더 이상 말을 어떻게 가려서 해? 내가 이 집 형제들을 몰라?"

"우리 형제들이 어때서?"

"어떻긴 뭐가 어때. 하나같이 인간문화재급이지. 아무튼 어찌나 개성들이 충만하신지, 보다보다 처음 봐."

아내의 이 말이 재중에겐 '당신은 왜 이런 집안에서 태어났어?'라는 뜻으로 들렸다.

"그러는 당신네 식구들은 뭐가 그렇게 대단한데?"

"우리 집이 어때서?"

"큰처남 회사 문 닫은 거 고의 부도 아닌가?"

"우리 오빠가 사기꾼이란 거야?"

"알게 뭐냐고."

"꼭 그렇게 말해야 직성이 풀려?"

내 남편이 내 형제를 이렇게밖에 안 보는구나.

경진은 배신감에 치를 떨었다. 애들 싸움이 어른 싸움 되는 것처럼 부부싸움이 집안싸움으로 격화되는 것도 한순간이었다. 막말은 독설을 낳았고 독설은 당한 만큼 갚아주겠다는 복수심을 불렀다. 아내는 계속해서 남편이 거북해하는 이야기를 입에 올렸고 모멸감을 느낀 남편은 처남까지 끌어들여 그녀의 자존심을 긁었다.

"형제들이 만나기만 하면 분란이 나니까 나도 속상해서 그래."

"나중에 얘기하자고. 지금은 아무 말도 하고 싶지 않아."

둘 다 서로를 존중하는 선에서 대화를 끝맺었다면 감정에 날을 세울 필요 없이 일단 멈춤이 가능했을 수도 있다. 하지만 아내와 남편 누구도 적당한 선에서 감정의 분출을 막기 위한 시도를 하지 않았다. 그 결과 배는 산으로 가고 부부 사이에는 또다시 깊은 갈등의 골이 파였다.

가족은 선택할 수 있는
관계가 아니다

최악의 부부싸움은 가족을 끌어들이는 것이다. 가족은 이미 주어진 환경이기 때문이다. 그러므로 가족을 비난하는 건 태생을 비난하는 것과 다를 게 없다.

영원을 약속한 부부도 뜻하지 않은 길목에서 극단으로 갈라설 수가 있다. 파경의 태반은 상대를 깎아내리는 막말에서 비롯된다. 본의가 아니었다고 해도 이미 훼손된 관계를 복구시키기는 불가능할 수도 있다.

신뢰가 무너지면 모든 것이 무너진다.

네가 뭔데?

이날 연수와 희중 부부도 기분이 안 좋았다. 연수는 손아랫동서와 다툰 일로 끓어오른 속이 아직 가라앉지 않은 채였다.

"큰엄마가 돼서 공부 열심히 하란 말도 못 해? 그게 그렇게 정색할 일인가?"

"뭐랬는데?"

"나더러 우리 애들이나 신경 쓰라잖아."

"제수씨가 왜 그랬대?"

희중은 건성으로 대꾸했다. 여자들끼리 짜그락거리는 게 하루이틀 일이 아니다. 그보다는 누나한테 너무 심한 말을 한 건 아닌지 신경 쓰였다.

"늦게 가서 화가 났으면 대놓고 말할 것이지, 농담인 거 뻔히 알면서 아주 건수를 잡았더라고."

"당신이 좋게 생각해. 손윗사람이잖아."

대충 무슨 상황인지 감이 잡혔으나 아내를 자극하고 싶지 않아 던진 말이 결과적으론 안 하는 것만도 못한 말이 되어버렸다. 곧바로 아내의 항변이 날아왔다.

"뭘 좋게 생각해? 손윗사람이면 아랫사람에게 무시당해도 그러려니 하란 얘기야?"

"내가 보기엔 당신도 잘한 건 없어."

"무슨 말이야, 그게?"

"일이 바쁘면 다른 날을 잡자고 하든가. 매번 늦게 오니까 제수씨가 화낼 만도 하지."

심사가 복잡한 남편이 내뱉은 말에 아내는 아내대로 배알이 꼬였다. 사정 빤히 알면서 동서 편을 드는 남편이 원망스러운 것이다.

"당신 다른 건 몰라도 거리두기 하나는 확실한 걸 잊고 있었네. 빈말이라도 맞장구 좀 쳐주면 안 돼?"

"쓸데없이 빈말을 왜 해? 농담도 가려서 해야지. 맏며느리답게 체신 좀 지켜."

"누가 맏며느리 되고 싶어 됐나? 이건 뭐 무서워서 말이나 제대로 하겠냐고. 동서가 아니라 상전이라니까?"

희중은 점점 짜증이 올라왔다. 아내의 불평이 형제간을 이간질하는 것처럼 들렸기 때문이다. 남편의 침묵이 연수에겐 자신을 비난하는 것처럼 들렸다.

"마누라가 힘들다고 하면 들어주는 시늉이라도 하는 게 예의 아닌가? 하여튼 야박해."

혼잣말 끝에 그녀가 직격탄을 날렸다.

"살다가 뜻이 안 맞으면 이혼할 수도 있는 거지. 호주 형님 괴로울 거 뻔히 알면서 그렇게 몰아붙일 건 또 뭐야."

"여기서 누나 얘기가 왜 나와?"

정곡을 찌른 공격에 반사적으로 독설이 흘러나왔다.

"그러니까 아랫사람한테 대접을 못 받는 거야."

"그러는 당신은 형 대접이나 받고 살아?"

무심코 던진 돌에 개구리는 맞아 죽고 홧김에 쏘아댄 말이 날카로운 비수가 되어 심장을 헤집는다. 지금 이들 부부가 그랬다.

"당신이 뭘 안다고 그래?"

노여움 가득한 남편의 눈빛에 연수는 하늘이 무너졌다. 엄한 시어머니 밑에서 마음고생도 많이 했으나 단 한 번도 결혼을 후회한 적은 없었다. 지겹도록 다투고 화해하고 그러고 또 싸우기를 반복하면서 살았어도 이 사람이 내 사람이라는 확신이 있었다. 그러나 이 순간 만감이 교차했다.

"난 이 집 식구도 아니란 거야, 뭐야?"

"맘대로 생각해."

희중은 아내가 따지고 드는 말에 될 대로 되란 식으로 대답했다. 부부는 자기 몫의 스트레스에만 집중한 나머지 상대방의 분노를 헤아릴 마음의 여유가 없었다.

"당신이 징징거리지 않아도 머리가 깨질 지경이니까."

"당신 눈엔 내가 징징거리는 걸로 보여?"

남편의 말 한마디 한마디에 자존감이 너덜너덜해진 그녀의 머릿속을 어지럽히는 생각이 있었다.

'이렇게 살아도 되는 걸까?'

표현의 마지노선을 지켜라

대화가 아슬아슬 치달아도 임계점에 이르기 전에 멈출 수만 있다면 파국은 피할 수 있다. '당신이 뭘 알아?' '네가 뭔데?' 상대를 밀어내는 극단의 언어가 입 밖으로 나오지 않도록 조심해야 하는 이유다.

독설로 말문을 닫아버리는 순간 마음의 문도 함께 닫힌다.

'화나면 무슨 말을 못 해'라는 악마의 속삭임에 휘둘리지 마라. 당신이 던진 건 이성을 잃은 자의 폭탄이다. '나 같으면 그렇게 안 살아'라는 책임도 못 질 말을 함부로 내뱉지 마라. 당신은 그 인생을 대신 살아줄 수 없다. 어떤 누구도 당신의 인생을 살아주지 못하는 것처럼.

됐고!

"저녁에 시간 좀 내지?"

희중은 누나와 동생을 회사 근처로 불렀다. 부인들끼리 생긴 문제는 어쩔 도리가 없다 쳐도 힘들어하고 있을 게 뻔한 누나를 그냥 두고 보기만 할 순 없었다. 무엇보다 사정을 알아보지도 않고 화만 내고 돌아선 게 후회스러웠다.

"그러든가."

반응이 뜨뜻미지근하긴 했으나 재중은 만나기로 한 장소에 먼저 나타났다.

"차 막히지 않던?"

"퇴근 시간인데 그렇지, 뭐."

"내가 그쪽으로 갈까 했는데 늦게까지 일이 있었어."

"됐고. 할 얘기가 뭔데?"

비즈니스 멘트에 익숙한 형과 달리 말로 하는 겉치레나 군더더기를 싫어하는 동생은 본론을 재촉했다.

"누나 문제야."

희중이 말했다.

"너 뭐 아는 거 없어?"

"없어."

"한집 살면서 여태 그러고 있었냐?"

형의 이 말이 재중에겐 추궁으로 들렸다.

"그러는 형은 뭘 했는데?"

"뭐라도 해보자고 이 자릴 만든 거 아냐."

희중은 동생의 까칠한 태도에 감정이 확 올라왔으나 꾹 눌러 삼켰다. 누나가 오기 전에 할 말이 있었다. 항상 말이 먼저 나가는 그에게 입단속을 시키려는 것이다.

"일단 무슨 일인지 얘기나 들어보자고."

그러자 대번에 가시 돋친 말이 날아왔다.

"됐고! 형이나 말조심해."

재중의 대꾸가 곱지 않은 건 문제가 형한테 있다고 생각하기 때문이다. 그가 아는 희중은 뭐든지 자기가 주도하지 않고는 못 견디는 장남 콤플렉스를 가진 형이었다.

"넌 또 말을 그렇게 받냐?"

"형만 누나 생각하는 거 아니라고."

"하여튼 한마디를 안 지지."

피차 듣는 귀를 닫아놓고 살아온 지 오래된 형제는 자연스럽게 대화하는 법을 몰랐다. 그러는 동안 누나 화경이 나타났다.

"엄마 아버지 모르고 계시는 거 확실하지?"

희중이 먼저 얘길 꺼냈다.

"내가 알아서 할게. 니들은 모른 척해주라."

사실 화경이 이 자리에 나온 목적이기도 했다. 형제는 당황했다. 동생들 앞에선 누나가 속마음을 털어놓을 줄 알았던 예상이 보기 좋게 빗나간 것이었다.

"신경 쓰게 해서 미안한데 더 이상 내 문제로 이러쿵저러쿵하는 건 사절이야. 편하게 밥이나 먹자. 부탁이야."

화경이 분명하게 의사를 밝힘으로써 어쩔 수 없이 대화의 공백이 생겼다. 그녀가 침묵하는 통에 두 동생의 머릿속으로 온갖 생각이 흘러 다녔다.

"웬만하면 그냥 살지그래?"

재중이 먼저 입을 열었다.

"내 생각도 그래."

희중이 맞장구를 쳤다. 희한하게 이 대목에서만큼은 형제간에 마음이 통했다.

"아직 결정된 거 아니라면서. 누나도 미련이 있단 얘기잖아."

"내가 알아서 한다잖아."

"알아서 하긴 뭘 알아서 해. 이혼이 뭐 좋은 일이라고."

"니들은 내가 이혼하는 게 싫은 거니, 창피한 거니?"

이 말에 두 동생은 뜨악한 표정을 지었다.

"누난 무슨 말을 그렇게 해?"

"걱정돼서 하는 얘기잖아."

"그럼 날 기다려주는 게 나을 거란 생각은 안 해봤고?"

화경은 이 자리에 나온 걸 후회하고 있었다. 동생들이라도 함부로 자기감정을 예단하고 해결사 노릇을 하려 드는 건 용납할 수 없었다. 하지만 두 동생은 계속해서 선을 넘었다.

"됐고! 누나가 왜 이러는지 알아야 우리도 나름 대책을 세울 거 아냐?"

"되긴 뭐가 돼? 니들이 내 보호자라도 돼?"

인내심에 한계를 느낀 그녀는 결국 감정이 폭발했다.

"내가 또 바보짓을 했구나."

주문한 식사가 나오기도 전에 그녀가 자리를 박차고 나가버렸다. 동생들은 어안이 벙벙했다. 어떻게든 도움이 되고자 했건만 어째서 또 일이 꼬인 건지 까닭을 몰랐다.

진심을 몰라준다고 탓하기 전에
자신의 말버릇을 돌아보라

어설픈 지식이나 정보는 가족 안에서의 소통을 가로막는 장애물이다. 우리는 가족에 대해 알아도 제대로 아는 게 없고 몰라도 아주 모른다고 할 수 없다. 조금 안다는 이유로 '됐고!' '지금 하려는 말은 이런 거잖아' 식으로 혼자 북 치고 장구 치지 마라. 당신은 엉터리 해결사에 불과하다.

자신이 원하는 답을 듣기 위해 남의 생각을 앞질러 말하는 건 어린아이 화법이다.

어른이 된 당신에게 특별한 소통의 기술을 요구하는 것이 아니다. 잘 들으면 제대로 말할 수 있다.

안 봐도 뻔해

토요일.

마산에서 횟집을 운영하는 지수가 친정에 왔다. 연수와는 세 살 터울인 언니다. 연수는 자라면서 유독 잔병치레가 잦았다. 그 때문에 어머니 윤 여사는 항상 노심초사했다. 조금이라도 몸 상태가 안 좋다 싶으면 학교를 쉬게 하곤 가게 문을 닫았다.

어린 형제들은 종종 심술을 부렸다. 자고 나면 아끼는 인형이 사라지기도 했고 엄마가 사준 장난감이 부서져 있기도 했다. 연수가 울고불고 난리를 치면 형제들이 돌아가면서 야단을 맞았다. 지수 언니가 제일 많이 곤욕을 치렀다. 가끔 억울한 때도 있었을 것이다. 남자 형제들이 범인일 때도 있었으니까.

언니가 결혼한 이후론 자매끼리 전화 통화도 없이 지냈다. 아버지 제사 때 겨우 만나 안부를 주고받을 뿐이다. 이번은 특별한 경우였다.

"자주 보지도 못하는데 잠깐이라도 왔다 가렴."

연수는 윤 여사 전화를 받고 마지못해 친정집 대문을 들어섰다. 남편과 다툰 일로 며칠째 기분이 잔뜩 가라앉은 채였다. 엄마와 언니는 마루에 비닐을 펼쳐놓고 김장 양념을 만들고 있었다.

"어디 아픈 게야? 얼굴이 지난번만 못하네."

윤 여사는 둘째 딸의 안색부터 살폈다.

"보약 한 재 지어 먹어야겠다. 살도 빠진 것 같고."

"아니야. 좀 피곤해서 그래. 벌써 김장하는 거야? 오랜만이네, 언니? 잘 지냈지?"

지수는 근 1년 만에 만난 동생을 아래위로 훑어보곤 눈살을 찌푸렸다.

"일하러 온 애가 옷이 그게 뭐니?"

"오늘 김장하는 줄 몰랐지. 학원에서 바로 오는 길이야."

"김장이라고 많지도 않아. 넌 구경이나 하고 있어. 이따가 수육해 먹자."

윤 여사가 걱정돼서 한 말이 큰딸 비위를 건드렸다. 어릴 적부터 양보만 하고 살아야 했던 동생에 대한 피해의식이 다시금 고개를 쳐드는 순간이었다.

"부잣집 며느린데 제 몸 관리야 어련히 알아서 할까? 내 보기엔 결혼 전이나 후나 그대로구만."

이 말에 연수는 속이 뒤틀렸다. 시댁에서 땡전 한 푼 안 받은 걸 뻔히 알 텐데 부잣집 며느리 운운하는 심보는 뭐란 말인가. 피차일반이지만 서울에 살면서도 결혼식에 오지 않았던 언니였다. 엄마나 오빠가 이야기를 전하지 않았다면 자세한 내막을 몰랐을 수도 있다. 그런다고 아무 말이나 뱉어낸 언니 앞에서 당하고만 있을 순 없었다.

"나야 아무것도 안 했으니까 그대로지."

발끈한 그녀가 콕 집어 저격한 건 성형으로 언니의 달라진 외모였다. 그나마도 되레 인상이 사나워 보이는 게 실패작이라고 쏘아주려다 에둘러 표현한 것이었다.

당연히 지수는 화가 났다.

"사회생활하면서 웬만하면 긴장 좀 하고 살아라. 피부가 그게 뭐니? 한 10년은 늙어 보인다."

팔자주름과 눈꺼풀 처진 게 싫어 얼굴에 손 좀 댄 걸 가지고 비아냥대는 동생이 얄미워서 꺼낸 말은 씨알도 안 먹혔다.

"보톡스 잘못 맞으면 살 썩는단 얘기 못 들었어? 함부로 몸에 칼질하는 거 좋은 버릇 아냐."

"그러는 넌 참 좋은 버릇 가졌다. 사람 민망하게 꼭 그렇게 삐딱하게 말해야겠니? 왜, 양 서방이 속 썩여?"

"양 서방 잘하고 있으니까 언니네나 잘 사셔. 괜히 엄마 힘들게 하지 말고."

"뭐?"

지수는 표독스럽게 동생을 쏘아보았다. 식당 매출이 신통치 않을 때면 종종 집에서 돈을 빌려다 쓰곤 했던 그녀였다. 물론 연수는 엄마와 언니 사이에서 이루어진 일들을 전혀 모르고 있었다. 비록 냉전 중일망정 지금 이 상황과는 아무 상관도 없는 남편까지 깎아내리는 바람에 빈정이 상했을 뿐이다.

지수 입장에선 자존심이 무너져 내렸다. 동생이 자신을 얼마나 하찮게 여겼으면 이런 말이 나올까 싶은 것이다.

"성격 못된 건 여전하구나. 넌 네가 세상에서 제일 잘났지?"

"자기가 못났다고 생각하고 사는 사람이 어딨어? 언니 나한테 무슨 열등감 있나 본데, 그러다 병 나."

"내가 왜 너 따위한테 열등감을 느끼겠니? 너도 참 한심하다."

"언니야말로 아직도 내가 소갈딱지 없는 꼬맹이로 보여?"

"얘들이 왜 이래? 자매끼리 무슨 말을 그렇게 험하게 해?"

윤 여사가 발을 동동 굴렀다. 그럼에도 불구하고 서로를 노려보는 자매의 눈빛에는 독기가 넘쳤다. 지수가 다시 공격의 포문을 열었다.

"어린이집 원장 성격이 그 모양이니 애들이 뭘 보고 배울지 걱정이다."

"아주 막말이 입에 붙었네. 치사하게 남의 직업을 물고 늘어져?"

"내가 널 몰라?"

연수에겐 이 말이 결정적으로 분노의 방아쇠를 당겼다.

"나에 대해 뭘 그렇게 많이 아는데?"

"남들은 안중에도 없고 세상 사람들이 전부 네가 가르치는 꼬맹이들로 보이겠지. 더 있는데 계속해줘?"

"이건 뭐 신사임당이 따로 없네. 그래서 창훈이를 혼수로 데려갔어?"

창훈이는 지수가 혼전임신으로 얻은 아들이다. 상처가 상처를 헤집고 분노가 분노를 불렀다. 지수는 파르르 입술을 깨물었다.

"너 같은 걸 동생이라고…!"

"나한테도 언니란 사람 없는 거나 마찬가지야."

결국 자매는 넘지 말아야 할 선을 넘어버렸다.

나쁜 건 사람이 아니라
행동이다

화를 폭발시키기 직전 두 호흡만 골라도 감정의 급발진을 막는다.

한 호흡은 나를 위해, 한 호흡은 상대를 위해.

나는 무엇 때문에 화가 나 있는가?

내가 지금 죽자고 말싸움하는 상대는 누구인가?

말로 하는 공격이 지나치면 언어폭력이다. 힘으로 치고받아 생긴 상처는 치유될 수 있어도 언어폭력으로 생긴 마음의 부상은 치명적(致命的, 생명을 위협하는) 상흔을 남긴다.

당신이 화를 내는 상대는 '그래도' 가족이다. 나쁜 건 사람이 아니라 행동이다. '내가 너무 지나치지 않았나?'하는 생각이 언어폭력을 멈출 것이다. 입은 마음의 문이기 때문이다.

그것밖에 안 돼?

오전부터 저녁까지 1시간 간격으로 전화벨이 울렸다. 남편 장호의 전화다. 화경은 무거운 마음으로 통화 버튼을 밀었다. 한국에 온 지 일주일이 지났다. 언제까지나 남편을 피할 수만은 없었다.

"사람 말려 죽일 셈이야?"

통화가 되자마자 원성이 쏟아져 나왔다. 그 심정도 어지간히 갑갑했을 터였다. 화경의 마음 한구석에도 걱정이 없진 않았다.

충동적인 성격에 덜컥 일을 저지른 건 아닐까?

태연한 척 입을 열었다.

"별일 없지?"

"지금 우리에게 이보다 더 큰일이 뭐가 있어?"

"전원주택 구매하기로 한 건?"

"일단 와서 얘기해."

늘 그렇듯이 본질을 비켜나는 화법이 그녀를 맥 빠지게 한다. 혹시라도 심경에 변화가 있었기를 고대했으나 이번에도 대충 얼버무리고 넘어갈 태세였다.

상황이 왜 이렇게 됐는지 기억은 하는 걸까?

"누군 뭐 아무 생각도 없이 사는 줄 알아? 솔직히 당신 나한테 그러면 안 되는 거야."

물리적인 거리만큼이나 아득하게 느껴지는 남편의 목소리엔 여전히 어린애 같은 투정과 원망이 배어 있었다.

"무슨 뜻이야, 그 말?"

"그 얘긴 중요한 게 아니고. 언제 올 건데?"

"나한테 할 말이 그것뿐이야?"

전화를 받는 게 아니었다. 낭패감과 무력감에 휩싸인 그녀에게 남편은 계속해서 같은 말만 되풀이했다.

"만나서 얼굴 보고 얘기해. 대체 언제까지 화만 낼 건데?"

"내가 한국에 온 이유를 진짜 몰라서 그러는 거야?"

"알아, 안다고. 내가 다 잘못했으니까 그만 화 풀어, 응?"

"당신이 뭘 잘못했는데?"

결국 죽어도 묻기 싫었던 질문이 나왔고 두 번 다시 듣고 싶지 않았던 대답을 듣고야 말았다.

"그걸 꼭 말로 해야 아나?"

남편의 이 말은 대답도 뭣도 아니었다. 그저 눈앞의 곤란을 면하려는 습관적인 말버릇일 뿐이다. 화경은 그가 이런 식의 무책임한 태도를 보일 때 절망을 느꼈다.

적어도 그녀가 사랑한 남자는 자신이 뱉은 말에 대해서만큼은 책임질 줄 아는 남자였다. 하지만 이제 그는 책임질 말도, 약속을 지키려는 노력도 하지 않았다.

"제발 한 번이라도 진지해질 수 없어?"

이 말을 할 때 그녀는 거의 애원하는 심정이었다. 그러나 돌아오는 건 남편의 짜증 어린 탄식이었다.

"당신이야말로 내 입장을 좀 생각해주라. 내가 남한테 사기나 당하는 멍청한 놈처럼 보여?"

"우리에겐 미래가 걸린 일이니까 잘 알아보고 결정하자는 거잖아. 그게 그렇게 어려워?"

차분하게 일을 풀어가자고 꺼낸 말에 남편은 버럭 언성을 높였다.

"당신 날 사랑해서 결혼한 것 아니었나? 그런데 나에 대한 신뢰가 겨우 그것밖에 안 돼?"

남편의 이 말은 사랑하면 무조건 믿고 따라오란 의미였다. 한때는 이런 말이 듬직하게 느껴지기도 했다. 설사 그가 실수한 일로 낭패를 겪어도 그것을 부부 공동의 실패로 받아들였다. 그러는 게 사랑이라 믿었다.

그에게 실패란 불운의 결과일 따름이었다. 그래서 실패의 원인을 되짚어보고 다음을 준비하기보다는 또 다른 도전에 에너지를 쓰는 걸 당연하게 여겼다. 더더구나 자신의 이런 태도가 그녀를 얼마나 낙담하게 만드는지 알려고 하지도 않았다.

사람은 누구나 자기중심으로 세상을 바라본다. 그녀는 남편 중심으로 세상을 바라보려고 무진 애를 썼다.

그 말마따나 사랑해서 결혼했다. 사랑이면 어떤 장애도 극복할 수 있을 거라고 믿었다. 하지만 남편이 요구하는 건 일방적인 희생이나 헌신이지 그녀가 생각하는 방식의 사랑은 아니었다.

"우리한테 제일 큰 문제가 뭔지 알아?"

"기왕 말이 나온 김에 들어나 보자고. 대체 문제가 뭐야?"

"부부가 같은 방향을 바라보지 않는다는 거."

"왜 꼭 그래야 하는데?"

"남녀가 다른 것처럼 남편과 아내의 역할이 다른 건 인정해. 그렇더라도 최소한 존중받는다는 확신을 가질 수 있었다면 난 우리가 같은 방향을 바라본다고 생각했을 거야."

"좀 알아듣기 쉽게 말해. 내가 당신을 존중하지 않았다고? 말이 되는 소리야, 그게? 내가 당신을 얼마나 사랑하는지 진짜 몰라서 그래?"

남편은 억울하다는 듯 목청을 높였다. 그녀는 이 말에 대꾸할 필요를 못 느꼈다. 그가 자신의 감정에 속고 있거나 착각하고 있는 것일지도 모른다고 생각했다.

"누가 그러더라. 세상 모든 남자는 그 여자라면 영원히 변하지 않을 것이란 확신이 있어 결혼을 결심하고, 세상 모든 여자는 그 남자를 변하게 할 수 있다는 확신이 있을 때 결혼을 선택한다고."

"그래서, 하고 싶은 말이 뭐야?"

"난 도무지 당신을 변화시킬 자신이 없어."

"…."

마지막 질문을 던질 차례였다.

"당신은 어때?"

더 이상 남편의 음성은 들려오지 않았다.

"다음번엔 우리가 좀 더 긴 이야기를 나눌 수 있으면 좋겠어."

아득한 한숨 소리만이 귓전에 와 닿았다. 화경은 조용히 통화 종료 버튼을 눌렀다.

부서지지 않는다면 고쳐지지 않는다
(Berger Hannah)

대화가 어긋나는 여러 이유 중 하나는 '나는 항상 옳다'는 비난을 두려워하는 방어심리가 작용하기 때문이다. 자신이 잘못하고 있다는 사실을 알고 있어도 스스로 인정하는 걸 고통스러워한다. 타인에게도 그렇고 자기 자신에게도 그렇다.

부부는 매일의 일상을 함께하는 관계다. 어느 한쪽의 감정적 희생이 따르는 관계는 온당한 부부관계라 할 수 없다. 평생을 함께하려면 부부가 같이 부서지고 다시 일어서야 한다.

사랑은 언제나 오래 참고 사랑은 언제나 온유하며….

성경 구절 따위는 잊어라. 고통받는 사람이 먼저 말해야 한다. '당신의 이런 점이 날 힘들게 해'라고 말했을 때 '내가 그랬나?'라는 화답이 온다면 희망은 있다.

난 네가 창피해

"준영이 부부랑 저녁 먹기로 했어. 7시까지 광화문으로 나와."

희중이 말하는 친구 준영은 연수와 절친인 현아 남편이기도 하다.

"갑자기 저녁은 왜?"

"얼굴 본 지 오래됐잖아. 당신 기분도 풀어줄 겸 내가 만나자고 했어."

남편의 사과는 항상 애매하다. 꽃이나 선물이 미안하다는 말 대신 쓰이기도 했고 예정에 없던 식사 자리가 만들어지기도 했다.

"피곤해. 별로 나가고 싶지 않아."

전자도 후자도 그녀가 원하는 방식은 아니었으나 남편은 사뭇 적극적이었다.

"그러지 말고 나와. 우리 연애할 때 다 같이 갔던 '쉐누' 알지?"

옛 추억을 소환하면서까지 화해를 청하는 그 마음을 거절하기는 쉽지 않았다. 현아를 만난 지도 꽤 되었다. 남편들 오기 전에 미리 만나서 둘만의 시간을 갖기로 했다.

결혼 전 자주 드나들었던 쉐누는 별반 달라진 게 없었다. 텃밭에서 풀을 뜯는 염소 두 마리, 아름다운 유럽풍 비닐하우스도 옛 모습 그대로 간직하고 있었다.

"희중 씨 덕에 계 탔다, 얘! 안 그래도 니 생각 많이 했어."

현아는 간만에 숨통이 트이는 것 같다고 했다. 부부가 함께 공방을 운영하는 그녀는 재작년에 늦둥이를 낳아 세 아이의 엄마가 되었다.

"만날 뭐에 쫓기는지도 모르고 살면서 왜 자꾸만 지루하단 생각이 드는 걸까? 사는 게 재미가 하나도 없어."

"인생 재미로 사나? 태어났으니까 사는 거지."

친구의 푸념에 가볍게 대꾸한 건 연수의 진심이기도 했다.

"나이가 들면 조금 더 지혜로워지고 조금 더 너그러워질 줄 알았어. 그런데 아니더라? 오히려 그릇이 점점 작아져. 자존감은 떨어지고 남을 배려하기도 싫고…. 이젠 내가 어떤 사람이었는지도 모르겠어."

"어라? 별일이네? 천하에 한연수가 죽는소릴 다 하고?"

"그 한연수는 벌써 죽었다. 니 앞에 있는 건 잘난 척 연기하면서 대충 살아가는 연수 아줌마란다."

이 말에 현아는 갑자기 웃음을 터뜨렸다.

"미안하지만 그래도 위안이 된다야! 이 풍진 세상에 나 혼자 이러고 사는 거 같았거든."

그러고 보니 표정에 그늘이 서렸다.

"혹시 무슨 일 있니?"

"말 많은 집 장맛도 쓰다잖니. 요새 우린 만날 지지고 볶아. 내가 문제겠지, 뭐. 도무지 답이 안 나와."

"너만큼 열심히 사는 사람이 어딨다고 그래? 너야말로 죽는소리 좀 하지 마라."

"열심히 사는 거 아무 의미 없더라…."

현아가 무슨 말인가를 하려던 찰나, 공교롭게도 남편들이 식당으로 들어왔다.

"희중이가 잘해줘서 그런가, 연수 씨는 나날이 예뻐지네?"

준영은 예나 지금이나 인사치레가 화려하다. 각자 아무 일 없었다는 듯 아이들 크는 얘기, 일 얘기, 세상 돌아가는 얘기 따위를 두서없이 풀어놓는 동안 두어 시간이 훌쩍 지나갔다.

"모르긴 몰라도 이 사람은 아마 나보다 택배 아저씨가 더 가깝게 느껴질 거야."

"당신 그걸 말이라고 해?"

무슨 얘기 끝엔가 남편 준영이 웃자고 꺼낸 말에 현아는 버럭 얼굴을 붉혔다.

"갑자기 왜 화를 내고 그래?"

"무슨 그런 말도 안 되는 얘길 하냐고?"

"친한 친구들끼리 흔히 하는 농담이야."

"그럼 나 없을 때나 해."

"…하여튼 너도 참 유별나다."

"그래서, 내가 창피해?"

순식간에 냉기가 흘렀다. 남편이라면 사족을 못 쓰던 현아가 저렇게 나올 땐 이유가 있을 터였다. 보다 못한 희중이 나섰다.

"담배 한 대 피우자."

두 남자가 밖으로 나간 사이 연수는 조심스럽게 말을 건넸다.

"화 많이 났니?"

"연수야! 난 왜 이 모양으로 생겨먹은 걸까?"

느닷없이 현아가 눈물을 흘렸다. 준영의 말에 악의가 있어 보이진 않았다. 오히려 아내의 격한 반응이 그를 당혹스럽게 만든 듯했다.

묵묵히 창밖을 응시하던 현아는 생각지도 못한 말을 꺼냈다.

"무식이 용감이란 말, 어떻게 생각해?"

"그 말이 어때서? 우리 그런 얘기 할 때 많잖아."

"우리? 하긴 넌 대학 나왔으니까 별 상관없겠지."

"그게 무슨…."

"남편이 나한테 그러더라. 무식이 용감이라고."

순간 연수는 뒤통수를 세게 얻어맞은 기분이었다. 현아는 대학 진학을 포기하고 목공예를 배워 자신의 공방을 차린 현아는 자존감이 강한 친구였다. 그런 그녀가 사람들이 평소 무심코 뱉어내는 말에 상처받고 있었다니.

"준영 씨가 아무 뜻 없이 한 말이었겠지. 짓궂잖아, 원래 성격이. 장담하는데 네가 오해한 거야."

"알아. 하지만 그 말이 머릿속에서 떠나질 않아. 내 남편이 날 부끄러워한다고 생각하면 살고 싶은 의욕이 없어져. 농담도 그냥 농담으로 안 들리더라고."

"너답지 않아, 현아야. 바보같이 왜 그런 생각을 해?"

"나도 이러고 싶진 않은데 눈 뜨면 사는 게 지옥이야…."

"준영 씨 절대 그럴 사람 아니래도 그런다."

연수는 어떻게든 기분을 돌려보려고 애썼으나 현아는 끝내 공허한 눈빛을 거두지 않았다. 그리고 몇 달 후 연락이 왔다.

"의사가 그러는데 나 우울증이란다, 연수야."

벽을 만들지 말고
문을 만들어라

사람은 자신을 부정적으로 바라볼 때 세상과 벽을 쌓는다. 스스로 마음을 닫아거는 것이다. 고통을 감당하는 건 혼자만의 몫이 아니다. 가족은 자신이 원하든 원치 않든 그 고통의 피해자가 될 수밖에 없다.

그러나 가족이 해줄 수 있는 건 많지 않다. 그저 같이 아파하면서 힘든 시간을 견뎌낼 따름이다. 마음의 병을 고칠 수 있는 건 오로지 그 마음의 주인이 할 노릇이다.

벽을 만든 것도 자신이고 벽을 깨고 나오는 것 또한 자신이 할 일이다.

'난 이래서 안 돼'라는 부정의 언어를 '그래도 난 할 수 있어'라는 긍정의 언어로 바꿔 매일 자신과 대화하는 습관을 들이자.

내가 꿈꾸는 인생의 모습을 결정하는 건 신념이다. '~하면 좋겠다'는 희망의 언어를 '~할 거야'라는 미래 지향적인 언어로 바꿀 때 세상 밖으로 통하는 문이 열린다.

분수를 알아야지

일요일.

뭔가 할 말이 있는 얼굴로 주방을 오락가락하던 딸 은서가 슬쩍 운을 뗐다.

"현지랑 수정이 쌍수한대."

"쌍수?"

"엄만 쌍꺼풀 수술도 몰라?"

"알지. 아는데, 갑자기 그 얘긴 왜 꺼내?"

"나도 하고 싶다고."

아이들은 항상 부모의 예측을 벗어난다. 고등학생이 된 후로 부쩍 외모에 신경을 쓴다 싶더니 드디어 올 것이 오고 말았다. 연수는 최대한 자제력을 발휘해야 했다.

"네 눈이 얼마나 예쁜 눈인데 쓸데없이 쌍수를 왜 해? 쌍꺼풀 있다고 다 예쁜 건 아니야."

"그럼 파마라도 하게 돈 줘."

"너 학생인 거 잊었어?"

"학생은 하면 안 돼? 친구들은 다 파마하고 다닌단 말이야."

자식 둘 키우면서 가능하면 잔소리를 안 하려고 하지만 어느 땐 그러는 게 쉽지 않았다.

오늘이 그런 경우였다.

"우리 따님 성적표를 받고도 그런 말이 나올까?"

은서는 흠칫했다. 1학년 첫 기말고사 성적을 엉망으로 받았으니 저도 할 말이 없는 것이다. 하지만 그것도 잠시. 이내 고개를 똑바로 들고 볼멘소리를 내뱉었다.

"딴 애들은 다 하는데 왜 난 안 돼?"

"이왕이면 좋은 것도 좀 따라 하지? 남들 하는 건 다 하고 싶고 공부는 하기 싫은 모양이네?"

"아! 지겨워!"

갑자기 고함을 지르며 방으로 들어간 은서는 문을 잠가버렸다. 딸아이의 돌발 행동에 연수는 말 그대로 꼭지가 돌아버렸다.

"너 이거 무슨 버릇이야? 당장 문 열지 못해!"

"엄마랑 얘기하기 싫다고!"

"뭘 잘했다고 큰소리야?"

"알아! 나 구제 불능 문제아란 거! 그니까 쫌!"

제 성질에 못 이긴 아이가 급기야 곡소리를 내기 시작했다. 엄마와 딸은 일생의 어느 한 시기 서로를 악당으로 대할 때가 있다더니 그날이 이런 식으로 갑자기 닥칠 줄은 몰랐다. 머릿속이 하얗게 비워졌다.

교사라는 직업도 자식 앞에선 아무 소용 없었다.

'아무리 속상해도 꾸중을 비난처럼 해선 안 됩니다. 잘못한 게 있으면 그것만 가지고 야단 치세요. 아이가 열 번 실수해도 열한 번째엔 잘할 수 있을 거라고 말해주세요.'

'어린아이들은 표현 방법을 모를 뿐이지 공정함에 대한 욕구가 있답니다. 부족한 게 있어도 다른 아이들과 비교하는 말을 하면 안 돼요. 상대가 어른이라서, 부모라서 순종하는 듯 보여도 마음속으론 저항감을 느껴 장벽을 쌓는답니다. 부모의 권위만으론 아이를 통제할 수 없단 의미죠.'

상담을 청하는 학부형들에게 수도 없이 조언했음에도 불구하고 막상 딸아이 앞에선 그 원칙이 지켜지지 않았다. 한참 감수성이 예민한 나이에 설득 방법이 지나쳤다는 점을 깨달았을 땐 이미 때가 늦어버렸다.

그날 이후 은서는 입을 닫아버렸다. 미용실에 데려가고 평소

노래 부르던 새 핸드폰을 사주기도 했지만 그때뿐이었다. 학교생활은 어떠냐고 물어도, 친구들과는 잘 지내는지 물어도 속시원한 대답을 들을 수가 없었다.

꼭꼭 숨어버린 딸아이의 방문 앞에서 연수는 억장이 미어졌다. 저러다 나쁜 길로 빠지는 건 아닌지 애가 타서 죽을 지경이다.

"외모를 가꾸는 것도 중요하지만 떨어진 성적부터 끌어올리렴. 다음 학기에 좋은 결과가 나오면 생각해볼게."

이 정도로 끝냈으면 좋았을 대화였다. 그런데 분수도 모르고 나댄다는 식의 표현으로 자식을 굴복시키려다 설득에도 실패하고 상처만 안겨주고 말았다.

대체 어디서부터 실마리를 풀어나가야 할까?

자식을 부모의 잣대로 평가하지 마라.
그 아이는 자신의 인생을 살아가고 있을 뿐이다

자녀가 기대에 못 미치는 행동을 하더라도 부모는 언제나 그 아이의 희망이 될 수 있어야 한다. 대체로 아이들이 빗나가는 건 부모의 절망을 감지했을 경우다.

'넌 왜 그 모양이니?'라는 자존감을 해치는 말투를 '다음엔 잘할 수 있지?'라고 감싸 안아주는 언어로 바꿔주자.

부모는 아이가 세상에서 만난 첫 번째 타인이다. 아이가 부모에게 인정받지 못한다는 건 자신이 살아갈 세계로부터 통째로 부정당한다는 걸 의미한다.

생각을 조심해라, 말이 된다.
말을 조심해라, 행동이 된다.
행동을 조심해라, 습관이 된다.
습관을 조심해라, 성격이 된다.
성격을 조심해라, 운명이 된다.
–마가렛 대처

5부

갈등에서
소통으로 가는
최상의 표현
BEST 9

내가 잘할게

"한참을 넋 놓고 있다 가더라. 동생이 그러고 갔는데 형이라고 속이 편했을꼬."

큰딸 지수 얘기 끝에 윤 여사는 땅이 꺼지도록 긴 한숨을 몰아쉬었다. 자매가 할 말 못 할 말 다 꺼내서 악담을 퍼붓고 싸운 날 연수는 인사도 없이 친정집 대문을 박차고 나왔었다.

"엄만 내가 잘못했다고 생각해?"

"형제간에 잘잘못을 따져 뭐에 쓰려고?"

"언니한테 사과하란 얘기 아니었어?"

이때까지만 해도 연수는 엄마가 자신을 나무라는 줄 알았다. 하지만 윤 여사가 하려는 말은 그게 아니었다.

"나 같은 어미가 무슨 자격으로 자식을 탓해."

"갑자기 얘기가 왜 엉뚱한 쪽으로 나가?"

"부모가 부모다웠어야 할 말이라도 있지."

"누가 엄마 잘못이래?"

미안한 마음에 짜증을 내는 연수였다. 엄마는 그동안 얼마나 마음고생이 컸던지 안 그래도 자은 몸집이 한 줌도 안 돼 보였다.

"동생이니까, 형이니까, 무조건 복종하거나 양보하라고만 가르쳤지, 너희 사남매를 친구로 만들어주지 못했어. 어미가 돼서 자식들 사정은 헤아려주지도 못하고 나 살기만 바빴구나….."

"우리끼리 싸우지 말고 잘 지내라고 그런 거잖아."

"그렇게 키우면 안 되는 거였어."

윤 여사는 다시금 한숨을 몰아쉬었다. 남편을 하늘나라로 보냈을 때가 지금의 연수 나이였다. 자식들만 바라보고 온 평생을 희생한 그녀가 큰딸이 결혼한 대목에 이르러선 눈물을 내비치기까지 했다.

"다 같이 어리고 약한 존재였는데 의무감만 안겨줬어. 어리석게도 그걸 이제야 깨달았구나. 오죽하면 뒤도 안 돌아보고 시집을 갔겠니."

"언니 형부랑 결혼해서 잘살고 있는데 왜 그래!"

연수는 와락 윤 여사를 끌어안았다. 엄마는 언니가 또래들보다 이른 나이에 결혼한 게 자기 잘못이라고 말하고 있었다.

"내가 잘할게, 엄마! 내가 잘못했어. 그니까 울지 마, 응?"

"너희들이 잘 지내기만 하면 돼. 엄만 그 이상 바랄 게 없어."

윤 여사는 소리 없이 마른 눈물을 훔쳤다. 웃을 날도 많지 않은 늙은 엄마가 서럽게 울고 있다. 연수는 죄책감에 가슴이 쓰렸다.

어릴 때 엄마는 집보다 가게에 있는 시간이 많았다. 형제들 밥을 챙기고 집안일을 하는 건 순전히 언니 몫이었다. 다른 집 언니들도 다 그러는 줄만 알았다. 사춘기를 겪을 틈도 없이 어른이 되어버린 엄마 같은 언니에게 고맙다는 말, 미안하다는 말 한마디 건넨 적이 없었다.

언니는 스물세 살에 면사포를 썼다. 대학 재학 중에 사귀던 남자가 지금의 형부가 되었다. 본인도 모르게 임신한 사실을 알곤 미련 없이 자퇴서를 제출했다.

결혼식 들러리를 부탁받았음에도 연수는 1박 2일 엠티를 떠났다. 사실 언니가 그렇게 결혼하는 게 부끄럽고 싫었다. 이제 와 뒤늦은 후회가 가슴을 때린다.

다음 날 그녀는 무작정 차를 몰아 마산으로 향했다. 결혼한 뒤 처음으로 언니를 찾아가는 길이다.

"네가 여긴 웬일이냐?"

마침 브레이크타임이었다. 식당 문에 안내 팻말을 내걸려던 지수는 다소 당황한 표정으로 그녀를 안으로 들였다.

"전부터 와보고 싶었어."

"뭐 먹을래?"

"브레이크타임인데?"

"주인 맘이지. 보다시피 종업원도 없어. 먹을 거면 말해."

말투는 무덤덤해도 동생을 반기는 언니의 마음이 담뿍 묻어
났다.

"언니가 주는 대로 먹을래."

연수는 사뭇 애교 섞인 어조로 말했다. 잠시 후 대구탕 1인분
을 테이블에 놓아주며 언니가 말했다.

"국물에 식초를 한 숟가락 풀어. 여기 사람들은 그렇게 먹는다."

연수는 어쩐지 꼭 그래야만 할 것 같았다. 식초를 넣은 대구탕
은 담백한 감칠맛이 났다. 마음속으로 그려온 언니 맛이다.

그녀가 식사를 마친 뒤 자매는 해안가로 드라이브를 나갔다.

"덜렁대는 줄만 알았더니 운전 잘하네?"

"잘 모르나 본데, 이래 봬도 15년 무사고 베테랑 운전자야."

언니가 칭찬하는 말을 듣는 게 얼마 만인지 모르겠다. 연수는
공연히 뭉클해서 목소리가 떨려 나왔다.

"미안해."

"뜬금없기는."

"언닌 참 좋은 사람인 거 알아?"

"닭살 돋는 말도 할 줄 알고. 어쩐 일이래?"

"이제부턴 내가 잘할게."

"언니라고 해준 것도 없는데 왜 네가…."

자매는 입으로 뱉는 말보다 가슴으로 더 많은 이야기를 나눴다. 지수는 내내 무표정한 얼굴을 하고 있었으나 동생이 횟집에 나타난 그 순간 온갖 감정이 녹아내린 상태였다.

연수는 마음속에 묻어둔 이야기를 꺼냈다.

"엄마 대신 날 돌봐준 거 늘 고맙게 생각해. 그땐 언니도 어렸는데 난 동생 노릇만 하려고 했어. 아픈 게 무슨 벼슬이라고 바락바락 대들기만 했는데도 참고 양보하고…. 다 미안하고 다 고마워, 언니!"

"어쭈? 많이 컸네, 내 동생?"

지수는 새삼 애정 어린 눈길로 동생을 바라보았다.

내 동생.

너무나 당연한 그 말에 결국 연수는 울컥했다. 왜 진작 이런 시간을 갖지 못했을까.

"언니한테 오길 잘했어!"

"자고 갈래?"

"그럴까?"

자매는 어느새 다정하게 팔짱을 끼고 있었다.

갈등을 풀어주는 마법,
역지사지

인디언 속담에 그 사람의 신발을 신어보기 전엔 그를 평가하지 말라고 했다. 남의 신발을 신어보려면 나부터 신발을 벗어야 한다. 타인의 내면을 들여다보기 위해선 자신을 내려놓는 게 먼저다.

역지사지는 상대방의 입장이 되어 그 마음을 읽어주는 일이다. 사람과 사람 사이에 벌어지는 모든 갈등에는 원인이 있다. 나는 잘못한 게 없는데 일방적으로 당하기만 하는 경우란 거의 없다. 무심코 뱉은 말이든 부주의한 행동이든 간 게 있으니 오는 게 있는 법이다.

'어떻게 나한테 그런 말을 할 수가 있지?'라는 공격의 언어를 '무엇이 그 사람을 화나게 했을까?'라는 성찰의 언어로 바꿔 생각해보자.

다정과 무정은 마음 한 조각 차이에 불과하다.

당신 덕분에

"매는 게 나은가?"

재중은 넥타이를 맸다 풀었다 거울 앞에서 어정쩡한 포즈를 취하고 있었다. 외국 바이어와 중요한 미팅이 있는 날이다. 상무는 되도록 편안한 인상을 심어주는 게 오늘 미팅의 관건이라고 했다.

"격식을 차리되 가식적인 느낌을 주지 않는 게 무엇보다 중요해. 포인트는 복장이야. 당당한 이미지를 나타내는 것도 좋지만 너무 잘 보이려다 상대를 불편하게 만들 수도 있거든."

정장을 갖춰 입으라는 건지 안 그래도 된다는 건지.

평소 직장에서 머리 회전이 빠르다는 소리를 듣는 재중으로서도 도무지 알아듣기 어려운 주문이었다. 상무는 또 이런 말도 했다.

"이번 프로젝트의 성공 여부는 자네한테 달렸어. 제대로 일 한 번 저질러보라구!"

곧 승진 심사가 있다. 그가 이번 미팅에 특별히 심리적 압박을 느끼는 이유였다. 프레젠테이션 준비는 며칠 밤을 새워 철저하게 해두었다. 그러고도 영 마음이 놓이질 않았다.

다른 때 같으면 아내가 코디를 완벽하게 해주었을 터였다. 이 방면에 특화된 재능을 지닌 경진은 아침마다 그날그날 TPO에 맞춘 옷을 옷걸이에 걸어두곤 했다.

부부 사이가 얼어붙은 요 며칠은 꼭 필요한 대화 외에는 소통이 거의 없었다. 그런 마당에 오늘의 특수 상황을 이야기하고 도움을 청할 용기가 나지 않았다.

"이건 어때?"

망설이고 있는 그 앞에 경진이 무뚝뚝한 어조로 다른 옷을 꺼내 보였다. 캐주얼한 스타일을 가미한 세미 정장 스타일의 슈트.

아내가 골라준 옷으로 갈아입고 나서야 재중에겐 없던 자신감이 생겼다.

"내가 왜 이 생각을 못 했지?"

고맙고 미안한 마음이 담긴 재중의 중의적인 표현이었다. 그날 미팅은 성공적이었다. 전화로 아내에게 제일 먼저 기쁜 소식을 전했다.

"나한테도 회사에도 중요한 비즈니스였는데 무사히 잘 넘겼어. 당신이 코디를 잘해준 덕분인 거 같아."

"옷이 일하나? 그럴 만한 능력이 있으니까 잘된 거겠지. 괜히 비행기 태우지 마셔."

부부는 진심에서 우러난 칭찬을 주고받으면서 마음으로 진 천냥 빚을 갚아나가는 중이었다.

재중은 얼마 안 있어 팀장으로 승진했다. 그날 경진은 남편에게 저녁 식사 초대를 받았다. 시부모 모시고 살면서 흔치 않은 밤 외출이었다.

"맛있는 거 사 먹고 코트 한 벌 사렴. 재작년에도 똑같은 옷을 입고 나가더만."

시어머니 정 여사가 봉투를 건네면서 하는 말이었다.

"돈도 좀 써버릇해야 사는 낙이 있지."

"아니에요, 어머니. 생활비 충분히 주시잖아요. 저도 돈 있어요."

"이건 보너스다."

몇 번을 사양해도 굳이 봉투를 건네주는 시어머니 손길에서 경진은 따스한 정을 느꼈다. 시누이한테도 깜짝 선물을 받았다.

"난 심심한데 민혁이 학원 운짱 노릇이나 해줄까?"

아이 걱정은 말고 마음 편히 놀다 오라는 나름의 배려였다. 덕분에 경진은 늦도록 남편과의 데이트를 즐길 수 있었다. 무엇보다 그녀를 기쁘게 한 건 달라진 남편의 모습이었다.

"여기도 내 자리가 아닌 것 같아 항상 허공에 떠 있는 기분이었는데 이번 일로 자신감이 생겼어."

잠시 뜸을 들이던 남편이 쑥스러운 듯 덧붙여 말했다.

"지금껏 해왔던 것처럼 당신이 많이 도와주라."

이 한마디가 상처받은 그녀의 마음속을 봄눈 녹듯 녹여주었다.

"당신이 꼬박꼬박 월급을 가져다준 덕에 나랑 민혁이가 먹고 사는데 그거 하나 못 해줄까 봐?"

"이러다 백수 되면 얄짤없으니 알아서 하라 이건가?"

"그건 그때 가봐야 아는 거고."

"무섭네."

"겁나면 포인트 적립이라도 충분히 해놓든가."

"그게 뭔데?"

"애정 지수 포인트."

"결혼하고 10년이 넘었는데 무슨 포인트가 필요해?"

"그동안 당신이 다 까먹은 거 몰라?"

"아이쿠!"

부부는 모처럼 기분 좋은 농담을 주고받으며 꿈 같은 시간을 보냈다. 앞으로도 두 사람은 언제 이런 날이 있었냐는 듯 아옹다

옹하게 될 것이다. 어쩌면 더 큰 고비가 닥칠 수도 있다. 하지만 이 순간만큼은 세상에서 가장 행복한 부부였다.

사과는 변명의 느낌이
들지 않도록 하는 게 포인트

말로 하는 사과는 자신을 위한 게 아니라 상대를 위한 것이다. 그에게도 잘못이 있을 순 있다. 그렇더라도 먼저 사과할 마음이 있다면 자신이 잘못한 내용에 관해서만 말해야 한다.

'나한테 이러고 저러지만 않았으면'이라는 구구한 변명은 접어두고 '그때 그렇게 말한 건 미안해'라고 깔끔하게 실수를 인정해야 뒤끝이 남지 않는 법이다.

사과하고 싶은 마음은 굴뚝같은데 성격상 구체적으로 뭘 잘못했는지 언어로 표현하기가 도무지 쉽지 않을 수도 있다. 그런 이유로 사람들 입에서 나오는 언어는 나름의 이중성을 지닌다. 상대방이 돌려 말한 표현 중에도 '사랑해' '고마워' '미안해'가 있다. 소통의 성패 여부는 사과받는 당사자의 몫이다.

그랬구나

한동안 잘 지내는 듯했던 딸아이가 요즘 매일 저기압이다. 연수는 은서를 볼 때마다 가슴이 조마조마하다. 잘 웃지도 않고 툭하면 짜증을 낸다.

은서는 어릴 때부터 엄마보다 아빠를 많이 따랐다. 엄마한텐 하지 않는 이야기도 곧잘 나누었다. 그런데 이젠 아빠가 말을 걸어도 톡톡 쏘아붙이기만 하는 것이다.

"은서 기분이 별로인 모양인데 무슨 문제라도 있는 건가?"

희중은 아내 연수의 눈치를 살폈다. 성적 문제로 또 야단을 친 게 아닌가 싶어서다.

"애가 하도 까칠하게 굴어서 나도 눈치만 보는 중이야. 지난번처럼 단식투쟁이라도 하면 골치잖아."

연수는 심란하게 말을 뱉었다. 잔소리 좀 했다고 방에만 틀어박혀 있는 통에 곤욕을 치른 후로는 말 한마디가 조심스러운 그녀였다. 오늘은 동생 준서를 쥐 잡듯 하면서 한바탕 생난리를 피웠다. 노크도 없이 자기 방에 들어왔다는 게 이유였다.

"나가!"

평소엔 아무렇지 않게 넘어가더니 물건을 닥치는 대로 집어 던지면서 동생한테 고함을 내질렀다.

"내 생각엔 누나가 미친 것 같아."

졸지에 치도곤을 당한 준서는 고개를 절레절레 흔들었다. 어찌나 놀랐던지 혼이 다 나간 표정이다.

"누나도 사생활이 있잖아. 동생이라고 아무 때나 불쑥불쑥 들어가는 거 실례야."

연수는 작은애를 겨우 달래놓고 큰애 방문을 노크했다.

"학교에서 안 좋은 일 있었니?"

"몰라. 말 시키지 마."

"엄마가 묻잖아. 모른다는 게 무슨 말이야?"

"나 좀 내버려두라고!"

무엇 때문에 비위가 상했는지 얼굴에 독이 바짝 올랐다. 이럴 땐 엄마로서도 도리가 없었다. 자칫하다 본병이 도질세라 얼른 문을 닫아주었다.

"애들 개학해서 정신없겠구나."

마침 친정엄마 윤 여사가 전화를 걸어왔다.

"은서 때문에 속상해 미치겠어."

"은서가 왜?"

"사춘기가 또 왔나 봐. 보통 유난을 떠는 게 아니야."

"한창 그럴 때구만."

"한번 저럴 때마다 온 식구가 눈치를 보게 만든다니까?"

"내버려두렴. 자식을 기다려주는 게 부모 일이란다."

조언이 절실했던 그녀에게 윤 여사는 뜻밖의 이야기를 들려주
었다.

"누가 그렇게 엄마 속을 많이 썩였어?"

"누구겠니?"

"나?"

연수는 황당했다. 적어도 엄마가 가리키는 게 자기는 아닐 거
라고 믿었기 때문이다. 남자 형제들은 학창 시절 어지간히 사고
를 많이 쳤다. 중고등학교 땐 수시로 문제를 일으켜 엄마가 학교
에 불려가는 게 일이었다. 그에 비하면 자신은 양반이었다. 아무
리 생각해도 문제를 일으킨 기억이 없는 것이다.

"에이! 엄마가 착각한 거겠지. 어떻게 오빠나 경수가 아니고
나야?"

"니 엄마 아직 치매 안 걸렸다."

윤 여사는 그녀가 중3 때 이야기를 꺼냈다.

"밤마다 이불 뒤집어쓰고 울었던 기억 안 나?"

"아!"

불현듯 떠오르는 장면이 있었다.

친구가 인생의 전부였던 그 시절.

소설 〈빨강 머리 앤〉에 나오는 앤과 다이애나처럼 영원한 우정을 맹세한 친구가 있었다. 한번은 별것도 아닌 일로 대판 싸웠다. 둘이 경쟁하듯 절교를 선언하곤 학교에서 아는 체도 않고 지냈다. 눈에 보이면 보이는 대로, 안 보이면 안 보이는 대로 마음이 무너져내리곤 했다.

엄마는 그때 일을 생생하게 기억하고 있었다.

"너야말로 사춘기를 호되게 치렀어. 언제 터질지 모르는 시한폭탄이랄까? 뭘 물어도 화만 내고 대답을 해야 말이지. 부모가 자식 속을 모르는 것처럼 힘든 건 없다는 얘기다."

"딱 지금 윤서랑 나네!"

"생선을 굽다 보면 자식 키우는 것도 별반 다르지 않다는 생각이 들더라. 프라이팬에 올리고 한쪽 면이 적당히 구워졌을 때 뒤집어야지, 뒤집기가 너무 이르면 살이 부서지고 너무 늦으면 타버리지 않겠니?"

비로소 연수는 무릎을 쳤다. 친구와 다퉜을 땐 세상이 온통 잿빛으로 변했으나 어찌어찌 화해하고 나선 질풍노도 같은 마음속에 평화가 찾아왔다. 고등학교에 입학한 뒤론 또 다른 다이애나와 비슷한 일로 홍역을 치르기도 했다.

그때 엄마는 매일 지금의 자신과 똑같은 얘길 했었다.

'연수야, 왜 그래?'

'학교에서 무슨 일 있었니?'

'너 이러고 있으면 엄마가 속상해.'

엄마한텐 미안하지만 그땐 걱정해주는 말들이 전혀 도움이 안 됐다. 오히려 드러내고 싶지 않은 감정을 털어놓도록 강요받는 기분이 들었다. 그래서 마음을 열어 보이고 싶다가도 도로 문을 닫아걸곤 했다.

은서한테도 시간이 필요할 터였다. 안타깝지만 자청해서 닫은 문을 열고 나올 때까지 기다려주기로 했다. 대신 어느 때나 귀를 열어두었다. 아무리 바빠도 딸아이 전화나 메시지에는 의식적으로 가장 밝은 톤으로 화답해주었다. 그렇게 며칠이 지났다.

"아름이 되게 이상한 애야."

거실에서 빨래를 개고 있는데 은서가 옆에 다가왔다. 아름이는 같은 반 남학생 이름이다. 연수는 일단 안도했다. 먼저 얘기를 꺼냈다는 건 속을 털어놓을 준비가 되었다는 신호이니까.

"그래? 아름이 어떤 점이 이상한데?"

"그냥 그렇다고."

아쉽게도 기대했던 대화는 싱겁게 끝나버렸다.

"그랬구나."

왜냐고 묻고 싶은 걸 꾹 참고 무심한 듯 고개를 끄덕여주었다. 딸아이가 어떤 감정의 소용돌이에 휘말렸는지 알고 싶은 마음은 굴뚝 같았으나 다그쳐서 될 일이 아니란 걸 알기 때문이다.

얼마 안 있어 반응이 왔다.

"오늘 아름이가 나한테 뭐랬는지 알아?"

"뭐랬는데?"

연수는 다시 귀를 쫑긋 세웠다. 하지만 은서는 금세 또 무슨 변덕이 났는지 새침하게 표정을 바꿨다.

"아니, 그냥, 뭐, 말도 안 되는 소릴 하더라고."

아직 더 기다려야 한다는 뜻이다. 그래도 연수는 실망하지 않았다. 딸아이가 준비될 때까지 기다려주는 것쯤 얼마든지 할 수 있다. 여전히 뭔가를 말할 듯 말 듯 부지런히 눈망울을 굴리고 있는 딸에게 다정하게 말해주었다.

"음, 그랬구나."

부모는
자식을 기다려주는 사람이다

자녀가 대화를 거부하는 건 시간이 필요하다는 뜻이다. 이럴 땐 억지로 말문을 열려고 해선 안 된다. 도무지 무슨 생각을 하고 있는지 궁금하고 걱정되더라도 한 걸음 물러나 있는 게 상책이다. 부모라고 해서 자녀의 머릿속을 헤집고 들어갈 권리는 없다.

소통의 언어는 믿음에서 나온다. 당신이라면 신뢰가 가지 않는 상대에게 자기 이야기를 털어놓을 수 있겠는가?

대화를 망설이는 자녀가 요구하는 것도 자신이 무슨 말을 해도 안전하다는 믿음이다. '도대체 왜 그러는 건데?'라며 다그치지 말고 '지금은 말할 기분이 아니구나' 하고 언제든 들어줄 준비가 되어 있다는 메시지를 전달하는 것으로도 소통의 실마리가 된다.

자녀가 고민을 내비치더라도 스스로 문제를 해결할 수 있게 해야 한다. '그럴 땐 이렇게 해보렴'이라는 섣부른 조언은 금물이다. 문제를 풀어갈 권리는 본인에게 있다. 부모가 답을 알아도 '그랬구나' 정도로 나는 너의 이야기를 경청하고 있다는 시그널이면 족하다. 그렇게 대화는 이어지는 것이다.

나 때문에 힘들었지?

"사회적 거리두기도 해제된 마당에 이번 설은 도저히 피할 방법이 없겠지?"

"난 아직 한 번도 안 해봤는데 가짜 깁스라도 해야 할까 봐."

"코로나 전성기가 며느리들한텐 천국이었어. 3년 동안 명절을 패스해도 뭐라는 사람 없고 좋았는데 말이야."

설 명절이 한달 앞으로 다가왔다. 친구들은 명절 스트레스를 주제로 푸념을 늘어놓기 시작했다.

"전 부치고 갈비 굽고, 또 전 부치고 갈비 굽고…. 연휴 내내 기름에 절어 사는 것도 고역인데 제일 싫은 건 따로 있어. 우리 시댁은 맏며느리가 갑이거든. 어찌나 위세를 떠는지 생각만 해도 머리가 지끈거려. 아! 우리 중에도 맏며느리가 있었네?"

한 친구가 의미심장한 눈길로 연수를 돌아보았다.

"너네는 동서끼리 잘 지내니?"

"뭐, 그럭저럭."

"우리 한 선생 포스가 장난 아닐 텐데?"

좌중의 시선이 일제히 그녀를 향했다.

"잘해줘라. 결혼하면 제일 서러운 게 동서 시집살이란다."

"나 그런 사람 아니거든?"

연수는 얼굴을 붉혔으나 찔리는 구석이 없는 건 아니었다.

본의 아니었다는 이유로 지금껏 꽁해 있었던 것부터 옹졸한 태도인 것을.

가족 행사에 일이 있어 늦어지면 없는 구실을 붙여서라도 시어머니한테 책잡히지 않도록 핑계를 만들어주곤 했던 착한 동서였다. 가끔 전화를 걸어와 미주알고주알 속에 있는 이야기를 털어놓기도 했던 동서가 지난달 말다툼한 이후론 일체 연락을 끊었다.

"큰소리 내고 군기 잡는 것만 갑질이 아니다, 너? 아랫사람이 갑자기 데면데면 굴면 십중팔구 내가 갑질한 게 원인이라고 보면 돼."

손윗동서와 갈등을 빚어 마음고생깨나 했다는 친구는 동서 시집살이에 대한 고충을 적나라하게 털어놓았다.

"어느 땐 별것도 아닌 일로 화가 나더라. 작심하고 형님한테 대들고 나서 살짝 후회스럽긴 했는데 내 입에선 죽어도 미안하단 소리가 안 나오는 거야. 이래저래 나도 쌓인 게 많았거든? 그런데 먼저 사과하면 전부 내 잘못이 되는 거잖아. 형님도 형님 할 몫이 있어야지. 내가 또 억울한 건 못 견디는 성격이잖니."

궤변 같지만 묘하게 일리 있는 말이었다. 무엇보다 속이 꼬였네 어쩌네 하면서 인신공격했던 게 마음에 걸렸다. 이유가 어떻든 그건 윗사람답지 못한 행동이었다.

친구들과 헤어지고 연수는 동서 경진에게 전화를 걸었다.

"동서, 잘 지냈어?"

"네, 뭐, 그럭저럭."

"맏며느리가 돼서 동서한테 미안한 게 많아. 늘 신세만 지고."

"뭐, 신세까지야."

"내일 나랑 점심 먹을래?"

"…내일요?"

"시간 안 되면 모레도 괜찮고."

"내일, 어디서요?"

처음 통화할 때와 달리 경진은 목소리가 다소 누그러졌다. 이튿날 약속 장소에서 만났을 땐 어색하게나마 미소를 지어 보였다.

"여기가 맛집으로 소문났다기에 동서랑 한번 와보고 싶었어."

기왕이면 그녀가 좋아할 만한 분위기로 어렵게 예약한 식당이
었다.

"형님 바쁘실 텐데 저 때문에 시간 만드신 거예요?"

"늘 그런 건 아닌데 공교롭게 일이 겹칠 때가 있어. 동서, 그동
안 나 때문에 많이 힘들었지?"

"그런 거 아녜요."

"민혁이한테 했던 말은 정말 미안해. 우리 애들한테 잔소리하
는 게 버릇이 돼서 그랬어. 동서 기분 언짢게 해놓고 말 함부로 한
것도 미안하고. 동서가 나 좀 봐주라, 응?"

"그런 거 아니래두요, 형님!"

경진은 당황해서 어쩔 줄을 몰랐다. 사실 그녀도 손윗동서한
테 앞뒤 없이 쏘아댄 말을 떠올릴 때마다 후회가 막심했다. 어떻
게 풀어가야 할지 막막하던 차에 손윗동서가 정식으로 사과의 말
을 꺼낸 것이었다.

"저번에 제가 한 말은 잊어주세요. 직장 다니면서 집안 행사 일
일이 챙기기 쉽지 않다는 거 뻔히 알면서 제가 속이 너무 좁았어
요. 형님이 저한테 항상 마음 써주시는 거 알아요."

"그렇게 말해줘서 고마워, 동서!"

"형님이 이렇게 불러내 줘서 제가 고마워요."

살벌했던 동서지간에 다시 온기가 돌았다. 손윗동서가 만남을

청했을 때 이미 불쾌했던 감정이 절반은 풀어졌다. 집안에서 누가 일을 더 많이 하는지가 중요한 게 아니었다. 노고를 알아주는 마음 하나면 충분했다.

말하는 방식을 조금만 바꾸면
소통이 즐겁다

원만한 관계를 위해 가장 필요한 덕목 가운데 하나는 말로 상처를 주지 않는 것이다. 내 판단이 옳다는 확신이 들어도 '아니야, 그런 거'라는 식의 상대를 바꾸려 드는 닫힌 화법을 '그래? 내가 잘못 알고 있었던 모양이네'라고 우선 상대를 인정해주는 열린 화법으로 바꿔보자.

가족 간 대화는 지식을 다투는 게 아니다. 말로 이겨서 승자의 쾌감을 맛볼 순 있겠지만 그건 잠시뿐이다. 져주는 게 이기는 것이란 말도 있다. 싸움에 지는 건 작은 일이지만 소통에 실패하면 호미로 막을 일을 가래로도 못 막을 일이 될 수도 있다.

가족 안에서 피해의식을 가진 사람이 가장 필요로 하는 감정은 존중받는다는 믿음이다. '힘들지?' '내가 도울 일은 없을까?' 고충을 헤아려주는 말 한마디가 절실할 때다.

가족은 한 팀이다

곳간에서 인심 난다고 했다. 부부 사이가 원만해지면서 동서 지간에 쌓인 앙금도 풀렸다. 한 뼘 여유도 없었던 마음에 공간이 생기자 연수는 이제 시누이한테 마음이 쓰였다.

"호주 형님은 요즘 어떻게 지내?"

"항상 똑같죠, 뭐. 본인이 얘길 안 하니 먼저 물어볼 수도 없고. 저도 좀 답답하긴 한데 혼자 저러고 있는데 방법이 없잖아요."

경진은 곤혹스러운 표정을 지었다. 그녀 역시 시누이와는 한집에 있으면서 식사 시간 외에는 말 섞을 일이 거의 없다시피 했다.

"나라도 그건 쉽지 않을 것 같아."

연수는 시누이 입장이 충분히 이해가 갔다. 결혼까지 한 마당에 특별한 이유도 없이 친정집에 와 있는 게 편치는 않을 터였다.

214

“동서, 내일 오후에 시간 낼 수 있어?”

“저야 남는 게 시간인데, 왜요?”

“우리가 호주 형님 기분 전환이라도 시켜주면 어떨까 해서.”

“그래요, 형님! 전 뭘 하면 될지 알려만 주세요.”

“우리 셋이 쇼핑 가자. 마침 나한테 일이 생겼어.”

연수는 경진에게 자신의 계획을 전했다. 어린이집 연합회에서 주관하는 송년 모임이 일주일 앞으로 다가왔다. 올해는 선상 파티로 치러질 예정이다. 의상 준비는 혼자 해도 되지만 그 핑계로 시누이와 밖에서 시간을 보낼 요량이었다.

토요일 오전.

“집에 무슨 일 있대?”

예정에도 없이 청담동 본가로 향하는 그녀에게 남편이 물었다.

“아니? 여자들끼리 단합대회 갈 거야.”

“단합대회?”

“그런 게 있어.”

희중은 다소 어리둥절했다. 며칠 전만 해도 제수한테 열받고 펄펄 뛰던 그녀가 아니었던가.

2층 방 침대에 멀뚱히 앉아 있던 화경은 노크 소리에 문을 열었다. 작은올케와 큰올케가 나란히 서 있었다.

"형님, 저 좀 도와주세요."

"아닌 밤중에 홍두깨도 아니고, 뭔 소리야?"

"직장 일로 꼭 참석해야 하는 파티가 있어요. 드레스 코드를 맞춰야 한다는데 제가 옷 고르는 센스가 없어서요."

"쇼핑하는 데 같이 가잔 얘기?"

"도와주실 거죠?"

"간단한 얘길 참 어렵게도 한다. 근데 왜 나야?"

화경은 큰올케 연수가 하는 말을 듣고 문득 미심쩍은 생각이 들었다.

"그런 일이라면 작은올케가 적격일 텐데?"

아무래도 뭔가 다른 꿍꿍이가 있지 싶은 것이다.

"저도 따라가긴 할 텐데 남편 옷 고르는 재주밖에 없어서요. 우물 안 개구리 둘이 형님의 뛰어난 패션 감각을 벤치마킹하려는 거죠."

작은 올케 경진이 너스레를 떨었다.

"하긴 내가 패션을 좀 알긴 알지."

화경은 못 이기는 척 방을 나섰다. 도통 바깥출입을 안 하던 딸이 며느리들과 나란히 계단을 내려오자 정 여사는 눈이 휘둥그레졌다.

"올케들이 쇼핑 가자네?"

"남들이 보면 셋이 자매라고 해도 믿겠구나."

딸의 표정이 밝아진 걸 보곤 내심 두 며느리가 고마운 생각이 드는 정 여사였다.

두 올케와 시누이는 사이좋게 쇼핑을 마친 뒤 호프집으로 향했다. 여자들만의 술자리는 생각했던 것보다 훨씬 즐겁고 유쾌했다.

"형님하고 동서 덕분에 촌닭 소린 안 듣게 생겼네요. 우리 맥주 마시고 노래방도 가요. 아니다, 클럽 갈까?"

"두 분이 좋다면 전 무조건 콜이요!"

"형님은요?"

"오케이! 콜!"

세 여자가 의기투합해서 짠 하고 잔을 부딪쳤다. 이날 화경은 모처럼 많이 웃었다. 두 올케가 서로 약속이나 한 듯 껄끄러운 얘길 꺼내지 않는 것으로 보아 충분히 짐작 가는 대목이 있었다.

"일부러 나 끌고 나온 거 알아. 고맙다곤 하지 않을게."

성격대로 말투는 까칠해도 그녀의 진심이 담긴 공치사였다.

"힘내세요, 형님!"

"아무튼 우린 형님 편이에요!"

두 올케의 진심도 그녀에게 전해졌다.

타인으로 만나 가족으로 맺어진 세 여자가 하나의 팀으로 뭉

친 저녁.

거리엔 꽃송이 같은 눈발이 소담스럽게 내리고 있었다.

위로는 장황할 필요 없다

위로의 말이 길어지면 오히려 상대를 위축되게 만든다. 경우에 따라선 '힘내라' 한마디면 충분할 수도 있다.

심리적인 곤경에 빠진 사람에게 설득이나 조언만큼 무의미한 건 없다. 당신이 늘어놓으려는 시시콜콜한 이야기는 이미 그가 수없이 자문하고 자답한 것들 속에 있다. 그는 스스로 돌파구를 찾아가는 중이기 때문이다.

기분이 나아지도록 도움을 주고 싶다면 말보다는 행동이다. 변함없이 그를 지지하고 응원하고 있다는 메시지를 담은 글도 좋고 따뜻한 한 끼 식사도 괜찮다.

지금 이대로도 괜찮아

"엎어진 물 쓸어 담으려고 애쓴들 다 소용없는 일이다. 후회란 놈이 세월 앞에 따라오진 않는 법이니 있을 때 잘하란 말이다."

아버지 양 회장이 두 아들에게 간곡한 당부의 말을 건넸다.

"형제간에 고쳐먹을 마음이 있으면 고쳐먹고 아껴줄 게 있으면 아껴주고 살아야 한다."

희중과 재중 형제는 동시에 같은 생각을 했다.

'아버지가 어떻게 아셨지?'

어머니 정 여사는 형제간에 언성만 높여도 아버지 모르게 하라고 입단속을 시키곤 했다. 서로 티 안 나게 조심한다고 했는데 아버지는 마치 모든 걸 훤히 꿰고 있는 듯했다.

그런다고 모르고 지나칠 양 회장이 아니었다. 다만 모르는 척

했을 뿐이다.

큰아들은 신중한 데가 있지만 차갑고 둘째는 성미가 거친 듯
해도 속은 한없이 여렸다. 극단적인 성격의 두 아들이 자주 부딪
치는 건 일면 당연한 일이겠으나 아비로서 마음이 쓰이는 건 어
쩔 수 없었다.

양 회장과 두 아들은 지금 병원으로 가는 길이다. 다른 때 같으
면 운전기사만 데려갔을 건강검진이었다. 이번엔 큰아들에게 운
전대를 맡기고 둘째까지 동행하게 했다.

당뇨와 혈압을 지병으로 가진 아버지가 둘을 한꺼번에 부르자
형제는 더럭 겁이 났다.

혹시 문제가 생긴 건 아닐까?

다행히 의사는 별말이 없었다. 두 아들은 한시름 놓았다.

병원에서 집으로 돌아온 양 회장은 더 늦기 전에 들려주고 싶
었던 이야기를 꺼냈다.

"요즘 들어 병원에 갈 때마다 그런 생각을 하곤 한다. 이 길이
마지막 길이 될런가, 다시 집에 돌아가서 새끼들 손 한 번은 잡아
볼 수 있을런가…. 돌이켜보니 후회되는 게 많더구나."

이어 두 아들이 얼굴도 본 적 없는 당신의 쌍둥이 형 이야기를
꺼냈다.

"남의 집 마당에 놓아 기르는 닭이나 과실 따위를 훔치는 걸

'서리한다'고 했는데 그땐 도둑질인지도 몰랐다. 친구 몇 놈이랑 수박 서리한 지 며칠이 지났을 때였다. 형은 영문도 모른 채 주인에게 끌려갔다. 누군가 우리 형제 중 한 명을 보았다고 했다더라. 모습이 똑같으니 아무나 데려간 게지."

태풍이 몰아치기 직전이었다. 아버지는 형이 누명을 쓴 걸 알고도 겁이 나서 방에 숨어 있었다고 한다. 그리고 동생이 손해를 끼친 만큼 수박밭에서 대가를 치러야 했던 쌍둥이 형은 다시 집으로 돌아오지 못했다. 오는 길에 갑자기 불어난 계곡물에 휩쓸려버린 것이었다.

"나이 열다섯에 일이 그렇게 될 줄 어찌 알았겠누…. 아비는 죽는 날까지 형에게 용서받을 기회를 얻지 못했다. 너희 둘은 나처럼 후회를 남기지 않길 바라고 하는 말이다."

양 회장은 쓸쓸한 얼굴로 두 아들에게 그만 나가보라는 눈짓을 했다. 희중은 본가를 나서면서 동생 재중을 돌아보았다.

"간단하게 소주 한잔 마실래?"

"나도 그러자고 할 참이었어."

형제가 단둘이 술자리를 갖는 게 얼마 만인지 몰랐다.

"암만 생각해도 형이라고 잘해준 게 없네."

희중은 동생의 잔을 채워주고는 마음에 있던 말을 꺼냈다.

"사실 난 잘해야 한다는 마음보다 부모님을 의식해서 형제들에게 모범적인 모습을 보여줘야 한다는 강박이 더 컸던 거 같아."

"형이 좀 그런 면이 있긴 하지. 하지만 장남은 다 그런 거 아니겠어?"

"오늘 아버지 얘기 듣고 반성 많이 했다. 넌 어떻든 날 형으로 대접해주려고 노력했는데 난 그러지 못했어. 걱정 핑계로 간섭이나 했지. 서운한 거 다 풀어. 미안하다."

"뭘 또 그렇게 저자세로 나와? 괜히 사람 무안하게."

재중은 당혹스러웠다. 형제간에 이런 식의 대화는 처음이기 때문이다.

"이거라도 없었으면 어쩔 뻔했어?"

어색한 기분을 털어내듯 소주잔을 입으로 가져간 그도 자신의 속마음을 꺼내 보였다.

"대접받는 걸 좋아하면 어때서? 누군 안 그런가? 사람 마음이란 게 다 거기서 거기지."

"말이라도 그렇게 해줘서 고맙다."

"아! 또 왜 이러실까? 자꾸 그러는 거 형님답지 않습니다요."

정색하고 말하는 게 부담스러워 너스레를 떨긴 했으나 사실 재중으로서도 미안한 게 많았다.

기껏 잘해줘도 수틀리면 형이라도 아랑곳하지 않고 대들곤 했었다. 핏줄이 당겨서 하는 말을 고깝게 알아듣고 깽판을 치기도 했다. 그게 다 형을 믿는 구석이 있어 할 수 있는 행동이었다.

"하던 대로 하자고. 사람 잘 안 변해. 그 나이에 노력한다고 될 일도 아니고."

"…무슨 뜻이냐, 그거?"

"아버지는 우리 둘이 마음을 고쳐 쓰라고 하시지만 굳이 그럴 일이냐고, 이게."

동생은 아무렇지 않은 듯 술잔을 채워주었으나 희중은 당황할 수밖에 없었다. 어렵사리 진심을 내비쳤건만 말귀를 못 알아들었나 싶은 것이다.

재중도 같은 생각을 하고 있었다.

"하여튼 고지식하기는!"

전형적인 장남에 모범생 콤플렉스가 몸에 붙은 형이다. 마음을 고쳐먹어도 형인 자기가 고쳐먹는 게 옳다고 생각했을 터였다.

혼란스러운 기색이 역력한 형에게 동생이 말했다.

"낼모레면 형도 50대야. 변하는 건 내가 해볼 테니까 형은 지금처럼 하라고. 이대로도 나쁘진 않으니까."

"그런 거였어?"

비로소 희중은 얼굴이 펴졌다. 말이 몇 바퀴를 돌고 돌았으나 진심은 결국 통했다.

"짜식! 구라를 쳐도 퍽이나 거창하게 친다."

"뭐, 솔직히 나도 자신은 없어. 노력하다 안 되면 그냥 살든가."

"까짓거 그러자, 그럼!"

형제는 기분 좋게 술잔을 부딪쳤다. 평생 이대로만 지낸다면 아버지 말처럼 후회를 남길 일도 없지 싶었다.

생각의 차이를 인정해주는 것만으로도 소통이 된다

사람은 자기가 만든 틀에 타인의 생각을 맞추려는 습성이 있다. 가까운 관계일수록 그 정도가 심하다. 부모와 자식, 형과 아우, 남편과 아내는 특히 그렇다. 가족 간에 분쟁이 생기는 건 이런 연유에서다.

생각의 차이가 우열을 의미하는 건 아니다.

'나와 생각이 다르니 너는 틀렸다'는 강압의 언어를 '그렇게 생각할 수도 있어'라는 개방형 언어로 바꿔보자. 말투가 바뀌면 태도가 바뀐다.

내가 힘이 되어줄게

"다솜 씨 괜찮은 여자 같더라. 나처럼 멍청하게 굴다 놓치지 말고 잘해라. 아무리 좋은 인연도 돌아서면 끝이더라."

친구는 어쩌다 한 번 마주쳤을 뿐인 다솜을 칭찬하는 말로 시작해서 재작년 이맘때 헤어진 여자 이야기를 꺼냈다. 제 손으로 등 떠밀어 보내놓고 아직 미련이 남아 있는 듯했다.

"연락은 해봤고?"

"하면 뭐 하냐. 번호를 바꿔버렸는데."

"인마, 그럼 잊어."

경수는 일부러 대수롭지 않게 말을 뱉었다.

"세상에 여자가 한 둘이냐?"

"사람은 사람으로 지우라고? 넌 그게 아주 쉬울 거 같지?"

무소식이 희소식이려니 했더니 2년 만에 불쑥 나타나 한다는
소리가 염장을 지른다.

"남극이나 북극 같은 데선 취업 이민 안 받아주려나? 이놈의
나라에선 자꾸 그 애가 생각나 숨도 못 쉬겠다."

"미친놈! 말이 되는 소릴 해라."

"하긴 그렇다. 거기라고 나 같은 놈 오라는 데가 있겠냐? 안 되
면 곰 새끼라도 잡아먹고 살지, 뭐."

"나 바빠. 흰소리하려면 그만 가라."

"가라고 안 해도 가려던 참이다. 시험 잘 봐라. 바깥에 형님 하
사품 있으니 챙겨 먹고."

무슨 소린가 하고 나가봤더니 고시원 식탁에 컵라면 한 박스
가 놓여 있었다.

"자식…. 아무튼 고맙다!"

하는 짓이 싱겁긴 해도 결이 고운 친구다. 방으로 돌아온 경수
는 다시 책장을 펼쳤다. 소방직 공무원 시험을 준비 중이다. 정신
을 집중하려 해도 글자가 눈에 들어오질 않는다.

다솜은 며칠째 아무 연락이 없다. 친구 결혼식에 다녀왔다고
했던 날부터였던 것 같다. 대개 그런 날은 기분이 울적해 보였는
데 그날은 달랐다.

"사내 디자인 공모전에 응모했는데 턱걸이로 입선한 거 같아.

잘하면 정규직으로 채용될지도 몰라."

"잘됐네."

별 기대는 안 한다면서도 한껏 들뜬 표정의 그녀 앞에서 까닭 없이 부아가 났다. 분명 축하할 일임에도 불구하고 지랄 같은 이 기분은 뭐란 말인가.

"공공임대 분양 공고가 났네?"

저녁 먹으러 간 식당에서 주문한 음식을 기다리고 있을 때였다. 핸드폰을 훑어보던 그녀는 갑자기 눈을 반짝였다.

"내년부터 분양 규모가 대폭 축소된다는데 접수라도 해둬야 하지 않을까?"

"나중에."

헤어졌다 다시 만나면서 결혼을 약속하긴 했으나 시험에 붙는 게 먼저라는 생각이었다. 아직 다솜은 그가 국가고시를 준비하고 있다는 사실을 알지 못한다.

"경쟁률이 치열해서 접수한다고 될지 안 될지도 몰라. 마냥 손 놓고 있다가 우리한텐 기회가 오지 않을 수도 있어."

핸드폰에서 눈길을 거두지 않은 채로 그녀가 말했다. 이 말이 왜 그렇게 듣기 싫었을까. 꼴랑 임대아파트 입주에 목을 매는 그녀를 보고 있노라니 한숨이 절로 나왔다.

"넌 나 뭘 믿고 이러는 건데?"

결국 자신의 무능을 탓하는 말이었으나 다르게 말했어야 옳았다.

"그럼 내가 누굴 믿어?"

핸드폰 쥔 손을 바르르 떨던 다솜은 그 길로 식당을 뛰쳐나갔다. 어쩌면 이것이 마지막이 될지도 모른단 예감이 뇌리를 메웠다. 친구에겐 큰소리쳤으나 20년이 지난 후에라도 후회하지 않을 자신이 없었다.

말로는 지금의 심정을 온전히 전할 도리가 없어 메일을 썼다.

너를 생각하면 항상 미안하단 말이 먼저 떠오르곤 했다.

지금부턴 다른 이야기를 할게.

행복하게 해주고 싶단 이유로 네게 아무런 희망을 주지 못했어. 변명하자면 무작정은 아니었다. 내년에 공무원 시험이 있어. 이런 말 안 하려고 했는데 어쩐지 이번엔 느낌이 좋아! 물론 최선을 다하겠지만 네가 가장 기뻐할 순간을 위해 사실대로 말하지 못했어.

사랑하는 다솜아!

좌절할 때마다 널 떠올리며 다시 힘을 얻곤 했어. 이제부턴 내가 너의 힘이 되어줄게. 대신 조금만 더 기다려줄래?

몇 번을 고쳐 쓴 메일을 전송했을 땐 새벽 4시가 훌쩍 넘었다.

그러고도 잠이 안 와 한강변을 달렸다. 온몸이 땀에 젖어 돌아온 고시원 현관 앞에 그녀가 서 있었다.

"나 출근해. 가져가서 먹어."

도시락이었다.

경수가 메일을 보낸 그 시각 그녀도 컴퓨터 앞에 앉아 있었다.

집에서 결혼을 독촉받는 것쯤 얼마든지 이겨낼 수 있었다. 사랑하니까 그가 자리를 잡을 때까지 기다려주는 게 당연하다고 생각했다. 거듭된 실패에 지쳐 있는 그를 보면 같이 진이 빠질 때도 있긴 했다. 그럴수록 서로 용기를 잃지 않게 해달라고, 희망을 버리지 않게 해달라고 했다. 조금이나마 위안이 되라고 되도록 밝은 소식만 전하려고 노력했다.

둘 중 한 사람이라도 숨 쉴 구멍이 생기면 같이 웃어줄 줄 알았다. 그러나 그는 한 번을 웃어주지 않았다.

기쁨을 함께하지 못하는 사람과 내가 뭘 할 수 있을까.

모질게 마음먹고 마지막 메일을 쓰려던 찰나 알림 표시가 떴다.

- 기다릴게. 언제가 됐든. 당신이 나에게 힘이 되어줄 때까지.-

그녀가 도시락통에 끼워 넣은 쪽지에 써 보낸 답신이었다.

말하는 사람의
희로애락에 공감하라

누구나 희로애락의 감정이 최고조에 달했을 땐 가장 가까운 사람을 찾기 마련이다. 대화를 통해 교감을 나누거나 위로받고 싶은 유일한 상대이기 때문이다.

감정을 공유한다는 건 기쁜 일이든 슬픈 일이든 상대가 느끼는 감정을 진심으로 함께 느낀다는 걸 의미한다. 보통의 인간관계에선 쉽지 않은 일이다. 사랑하는 사람과 기쁨을 나누면 배가 되고 슬픔을 나누면 반이 된다고 하는 까닭이다.

이런 유형의 대화에는 골든 타임이 있다. 감정이 사그라든 뒤에는 그 어떤 축하의 말이나 위로의 말도 빛이 바래기 마련이다. 이유를 막론하고 축하할 일이 있으면 즉석에서 '역시!' '해낼 줄 알았어!' '난 네가 자랑스러워!' 최고의 찬사로 그를 기쁘게 하라. 연인 간에는 더욱 그렇다. 내일이면 늦으리. 낙심에서 변심은 한순간의 일이다.

당신 곁엔
내가 있다는 걸 잊지 마

정 여사는 신경이 온통 큰딸 화경에게 쏠려 있었다. 가끔 혼자 넋 놓고 있는 모습을 볼 때마다 하늘이 무너지는 심정이었다.

한 배에서 나온 자식도 아롱이다롱이라더니 많지도 않은 세 남매가 돌아가면서 부모 애를 태운다. 며칠 반짝 밝아진 듯했던 화경은 얼마를 못 가 다시 방에 처박혀 묻는 말마다 알아서 하겠 다고 철벽을 치곤 했다.

"서예 배우는 건 어느새 싫증이 난 모양이지?"

2층 방에 올라가 보지도 못하고 전전긍긍하는 그녀에게 남편 양 회장이 말을 걸었다. 서예 교실 빼먹은 지도 꽤 여러 날이 지났 다. 자식이 속병을 앓는 마당에 공자님 말씀 백 번을 베껴 쓴들 무 슨 소용인가.

설명할 말이 없어 못 들은 척했더니 계속 말을 붙인다.

"며칠 제주도에나 다녀올까?"

"어디 나다닐 기분은 아니네요."

"기분이 어때서? 당신 여행 좋아하잖아."

"그냥 그렇다구요."

"화경이 때문에 그래?"

"아유! 오늘따라 이 양반이 왜 이래? 말 좀 그만 시켜요."

정 여사는 와락 짜증이 났다. 이럴 때 남편이 관심 가져주는 것도 달갑지 않다. 괜히 긁어 부스럼 만들까 싶은 것이다.

남편은 지나칠 만큼 딸을 엄하게 키웠다. 대학 졸업할 때까지 저녁 9시가 통금 시간이라면 말 다 했다. 5분이라도 시간이 넘어가면 옆에서 지켜보는 사람 혼이 나갈 만큼 큰소리로 호통을 치곤 했다. 그 상황에서 그녀가 할 수 있는 일이라곤 무조건 덮어주고 숨겨주는 것이었다. 아버지한테 혼나는 게 무서워 딸자식 바보로 만들고 싶진 않았다.

그녀가 아는 남편은 가부장적인 권위가 뼛속까지 들어찬 사람이었다. 젊었을 땐 '남자는 여자 하기 나름'이란 말을 입에 달고 살았다. 그랬던 남편이 죽을 때가 됐는지 요즘 부쩍 마누라한테 신경을 쓴다. 다른 때 같으면 자식을 싸고돌기만 하면 장땡이냐고 닦달했을 텐데 곁을 빙빙 돌면서 눈치만 보고 있다.

하지만 그녀는 남편의 달라진 태도가 도통 미덥지 않았다.

'갑자기 변덕이 나서 딸은 출가외인이니 당장 호주로 돌려보내라고 하면 낭패도 그런 낭패가 없을 텐데.'

양 회장은 아내가 이런 생각을 하는 줄은 까맣게 몰랐다. 그 역시 딸의 결혼생활에 문제가 생겼음은 예감하고 있었다. 하지만 아내는 뭘 물어도 입을 봉했다. 혼자 속 끓이다 병이라도 날까 봐 이날은 카센터에도 나가지 않았다.

"아버님, 혹시 뭐 필요한 거 있으세요?"

"나 신경 쓰지 말고 편히 쉬렴."

괜찮다고 해도 작은며느리는 몹시 신경 쓰이는 모양이었다. 시아버지가 집에 있는 게 불편한 거다.

"할아버지 왜 여기 계세요?"

손주 녀석은 아예 이 시간에 집에 있으면 안 될 사람 취급한다. 억지로 떠밀려나다시피 카센터에 나와 앉아 있자니 처량하기가 짝이 없었다.

화경은 비좁고 어두컴컴한 변두리 카센터에 딸린 방에서 어린 시절을 보냈다. 엄마로서 가장 애달파하는 대목일 터였다. 그래 선지 유독 딸 앞에선 쩔쩔매는 모습을 보였다.

양 회장에게도 화경은 아픈 손가락이었다. 단지 표현하는 데 서툴렀을 뿐이다. 같이 의논이라도 하면 좋으련만 도무지 아내가 곁을 안 내준다.

어째서 그녀는 대화를 거부하는 것일까?

양 회장의 뇌리에 떠오르는 몇 장면이 있었다.

딸이 일곱 살이나 어린 남자와 사귄다는 사실을 알았을 때 이루 말할 수 없는 충격을 받았다. 이미 둘 사이가 깊어져 말린다고 될 일도 아니었다. 그 원망은 고스란히 아내에게 돌아갔다. 사윗감을 만나보고 마음을 돌리긴 했으나 결혼하고 조금만 심란한 소리가 들려와도 딸자식 단속 못 한 아내를 탓했다.

"당신이 애를 어떻게 가르쳤으면 그 모양이야?"

그때마다 아내는 뭔가 얘기를 할 듯 말 듯하다 죄인처럼 입을 다물곤 했다.

결국 자업자득인 건가.

이제라도 따뜻한 남편의 모습으로 돌아가고 싶었으나 아내는 이를 믿지 못하는 눈치였다. 잠자리에 누워서도 한숨을 들이쉬고 내쉬기를 반복했다. 평소 같으면 '대체 뭐가 문제야?'라고 압박했을 테지만 양 회장은 화법을 달리했다.

"나도 화경이 아비요. 당신 혼자만 속앓이하지 말고 같이 얘기라도 좀 합시다."

아내는 돌아누운 채로 마지못해 말을 받았다.

"본인이 말을 안 하는데 얘긴 무슨 얘기요."

"저도 무슨 생각이 있으니까 그러고 있겠지. 너무 걱정하지 말아요."

"…그럴까?"

"우리가 믿어줍시다. 화경이 당신 닮아서 조만간 털고 일어날 거요."

듣기 좋으란 뜻으로만 하는 말은 아니었다. 어느새 아내의 한숨이 잦아들었다. 양 회장이 낮부터 준비해둔 말을 꺼낼 차례였다.

"뭐라도 내가 도울 일 있으면 말해요. 백짓장도 맞들면 낫다잖아."

"당신이 웬일이래? 생전 안 하던 얘길 다 하고."

정 여사는 새삼스럽게 남편을 돌아보았다. 그리곤 일어나 전등 스위치를 올렸다. 속을 털어놓고 이야기할 준비가 됐다는 뜻이다. 어차피 잠도 오지 않는 밤이었다.

말버릇이 관계를
해치기도 하고 살리기도 한다

매일 얼굴 보고 사는 가족끼리 말문을 닫아걸 땐 당신의 언어 습관이 문제일 수도 있다. 혹시 나에게 말꼬리 잡는 버릇, 대화 도중 말을 끊어먹는 버릇, 윽박지르는 말투, 꼬치꼬치 캐묻는 말버릇은 없는지 점검해볼 일이다.

특별한 이유 없이 말문을 닫은 건 당신의 부정적인 말버릇에 감정을 다치길 원치 않기 때문이다.

대화의 채널을 열고 싶거든 '대체 뭐가 문제야?'라며 억지로 말문을 열려고 하거나 '걱정도 팔자다'라며 하던 말도 멈추게 만드는 몹쓸 언어 습관부터 바꿔야 한다.

'무슨 일인지 몰라도 내가 힘이 되어줄게' '당신 곁엔 내가 있다는 걸 잊지 마', 이것이 대화의 채널을 여는 마법의 언어다.

다시 생각해봤는데

장호는 공항에 내리자마자 화경의 핸드폰으로 전화를 걸었다. 장인장모 볼 낯이 없어 처가로 바로 찾아갈 용기는 없었다.

"나 한국 왔어."

"왜?"

이유를 알고 싶다는 건지, 와도 반갑지 않다는 건지, 아내의 말투엔 첫마디부터 의문부호가 찍혔다. 높은 확률로 후자일지도 모른다 생각했으나 그 정도는 이미 각오한 터였다.

'왜는, 자기 데려가려고 왔지.'

'미안해, 연락도 없이. 당신이 오지 말라고 할까 봐 그냥 왔어.'

둘 중 어떤 말이 좋을지 망설이다 단도직입을 택했다.

"그쪽으로 갈게. 나올래?"

아내는 짧게 '그래'라고 했다. 아무런 감정이 느껴지지 않는 목소리였으나 장호는 심장이 뛰었다. 역시 오길 잘했다는 생각이 든다. 호주에서 혼자 지내는 동안 감정의 풍파란 풍파는 다 겪은 그였다.

머릿속이 복잡한 건 화경이었다. 남편이 예고도 없이 비행기를 탔다는 건 마지막 통화에서 던진 물음에 대한 답을 가져왔다는 의미일 것이다.

마음고생은 할 만큼 했다. 그녀는 이것이 새로운 부부 관계의 시작이 되든 파국으로 이어지든 담담하게 받아들이기로 했다.

"얼굴이 많이 상했네."

꼬박 열흘 만에 만난 남편이 그녀가 할 말을 먼저 꺼냈다. 몰라보게 수척해진 모습에 심정이 아렸다. 테이블에 아메리카노 두 잔이 놓일 때까지 몇 시간 같은 몇 분이 흘렀다.

앞으로 어떻게 할 건지, 계속 그렇게 살 작정인지, 화경에겐 이제 더 이상 궁금한 것도 물어볼 말도 없었다.

"당신 얘기 듣고 사실 좀 당황스러웠어."

남편은 막상 말문을 열고도 주저하는 모습을 보였다. 화경은 머그잔을 손으로 감싸 쥐고 천천히 커피를 한 모금 마셨다. 뜨거운 아메리카노를 시키길 잘했다. 안 그랬으면 그 입에 모든 걸 맡기고 처분만 기다리는 꼴이 될 뻔했다.

무슨 말을 하려고 저렇게 뜸을 들이는 걸까?

남편의 굳은 표정을 마주한 그녀의 뇌리에 오만 가지 생각이 스쳤다. 쉽게 입을 떼지 못하는 건 용기가 필요하다는 뜻인가, 아니면 미리 마음의 준비를 해두라는 뜻인가.

커피를 한 모금 더 마시고 난 뒤에야 그가 입을 열었다.

"다시 생각해보니까 나한테 문제가 많더라. 사람을 대하는 것도 어설프고 매사가 신중하질 못했어."

"무슨 일 있었어?"

화경은 덜컥 불길한 예감에 휩싸였다. 종국엔 그가 부동산 업자한테 사기를 당했다고 넘겨짚은 것이다.

"당신 말이 다 옳았어."

남편은 예상과는 전혀 다른 이야기를 꺼냈다.

"당신이 날 믿지 못하는 게 당연해. 그게 제일 미안해."

"말 돌리지 말고 구체적으로 얘기해줘. 무슨 말인지 못 알아듣겠어."

화경에겐 지금 사과보다 그래서 사기를 당했다는 건지 아니라는 건지가 더 중요했다. 이혼이라는 극단적인 상황까지 염두에 두긴 했으나 그녀는 여전히 아내로서 남편을 염려하고 있었다.

"당신이 뭘 걱정하는지 알아. 집 계약은 없던 걸로 했어. 손해는 좀 봤는데 후회는 없어. 그 사람 평판이 안 좋더라고."

"…다행이네."

"내가 변할게."

화경은 계속해서 놀라는 중이었다. 그런 그녀에게 장호는 이 자리에 오기 직전까지 줄곧 망설여왔던 말을 꺼냈다.

"자기가 나 한 번만 더 믿어줄래?"

벽창호인 줄만 알았던 남편의 진심 어린 호소였다. 노파심에 했던 말을 흘려듣지 않았다는 것만으로도 부부로서 살아갈 이유가 되었다. 화경은 기쁜 마음으로 화답했다.

"밥은 집에 가서 먹을까?"

듣는 귀가 열려야
마음 문이 열린다

소통 부재의 역사는 하루아침에 이루어지지 않는다. '내 말을 듣고 있기나 한 건가?' 이런 의문이 쌓이고 쌓여 대화의 채널을 꺼버리는 기폭제 역할을 하게 되는 것이다.

대화의 채널을 다시 열게 할 길이 없진 않다. '당신이 했던 그 말 내가 듣고 있었어'라는 말은 닫힌 마음의 문을 여는 마법의 메시지다.

'어떻게 생각해?' 답변을 요구하는 질문에 반드시 즉석에서 답을 내놓을 필요는 없다. 답하기 어려운 문제라면 경청을 제대로 했다는 의미가 될 수도 있다.

수고했어!

"대박 사건이에요, 형님! 고모부랑 호주 형님이 짠 하고 손잡고 나타날 줄 어떻게 알았겠어요?"

경진은 전화로 한참 호들갑을 떨었다. 본가 식구들이 저녁을 먹고 있는데 시누이 부부가 나란히 등장하더란 얘기였다.

"어머님 아버님 좋아하셨겠네."

"처음엔 귀신을 본 것처럼 깜짝 놀라셨죠. 왜 안 그러셨겠어요? 고모부 얘기만 나오면 쉬쉬하다가 갑자기 들이닥치니 나까지 심장이 벌렁거리더라니까요?"

"아무튼 다행이야. 분위기 나쁘진 않지?"

"실은 그게 더 대박이에요, 형님! 세상에! 오작교에서 만난 견우직녀가 따로 없더라구요."

"잘됐네! 다른 얘긴 없고?"

"자세한 건 저도 모르고 아마 이삼 일 있다가 두 분이 같이 호주로 돌아가실 모양이에요."

"저녁에 파티할까? 재료 준비해서 늦지 않게 갈게."

"그럼 저야 땡큐죠! 당최 어색해서 죽을 맛이에요. 고모부랑은 눈도 못 맞춘다니깐요?"

시누이 남편은 연수한테도 어려운 상대였다. 결혼식 때 보고 이번이 두 번째다. 사정이 어떻든 부부가 마음고생을 끝냈다는 사실만으로도 축하할 일이었다.

마침 단호박 식혜가 적당히 맛이 들었다. 맛보기로 한 병만 가져가려다 있는 만큼 챙겨 가방에 담았다. 식혜는 처음 만들어본 거라 반응이 좋으면 시댁에 두고 오고 아니다 싶으면 도로 가져올 요량이었다.

"밥은 나가서 먹어도 될걸 괜한 수고를 하는구나. 번거롭게."

시어머니 정 여사는 식재료가 담긴 아이스박스를 들고 현관을 들어선 큰아들과 맏며느리를 보고 깜짝 놀랐다. 말은 그렇게 해도 내심 흐뭇해하는 기색이 역력하다.

장호가 거실 입구에 어정쩡하게 서서 두 사람을 맞이했다.

"오랜만이에요, 매형."

"고모부 안녕하셨어요?"

"아, 예."

장호는 나이 많은 처남 부부가 깍듯이 존대하자 어쩔 줄을 몰랐다.

"한국 사회는 서열이 중요한 거 몰라? 당신 이 집 맏사위야. 말 편하게 해도 돼. 희중인 살짝 억울해도 참고."

화경은 소파에 등을 파묻은 채로 고개를 돌려 말했다. 오늘따라 목소리에 기가 펄펄 살았다. 곧 2층에 있던 재중이 계단을 내려왔다.

"난 어제 매형한테 신고식 제대로 했어. 누나 말대로 한국 사회는 서열이 깡팬데 어쩌겠어? 이름을 부를 수도 없고."

"그래서, 꼽냐?"

"아니? 해보니까 매형도 괜찮더라구. 우리 집에서 유일무이한 사위잖아."

"오! 양재중! 딱 맘에 들어. 자기도 들었지? 내 동생들 나이가 좀 있을 뿐이야. 기죽을 거 하나도 없어."

정 여사는 멀쩡한 주방 식탁을 행주로 훔치면서 엷게 웃었다.

"하여튼 넉살도 좋아."

좀 전에 큰며느리가 말끔하게 닦아둔 식탁이었다. 멀뚱히 앉아 있기 뭣해서 마른행주라도 잡고 거실에서 들려오는 이야기에 귀를 기울이고 있는 것이었다.

"식사 준비는 형님이 다 해 와서 냄비에 넣고 끓이기만 하면 돼요, 어머니. 가서 얘기 나누셔요."

모처럼 딸네 부부와 편안한 시간을 갖게 하려는 둘째 며느리의 배려였으나 정 여사는 웃음 띤 얼굴로 고개를 저었다.

"저희끼리 잘 지내면 됐지, 얘긴 무슨. 너희 둘이 애썼다."

마지막에 뱉은 말은 무뚝뚝한 시어머니가 두 며느리에게 작심하고 건네는 공치사였다. 제 식구 챙기랴 시부모 건사하랴 시집간 시누이까지 집에 와 있어 고역스러울 만도 하련만 묵묵히 참아준 두 며느리가 그저 대견하고 고마울 따름이었다.

"어머니 많이 달라지신 거 같지 않아요?"

경진은 연수 옆으로 다가와 낮게 말했다.

"마음이 따뜻한 분이셔."

동서 말마따나 새삼 시어머니가 가깝게 느껴지는 연수였다. 웃을 땐 시어머니 코에 잔주름이 잡힌다는 것도 오늘 처음 알았다.

아이들까지 함께한 저녁 식사는 시끌벅적하고 화기애애한 분위기를 연출했다. 양 회장 부부가 가장 행복해하는 가족의 풍경이다. 이날 최고의 인기 메뉴는 단호박 식혜였다. 그 덕에 연수는 시누이 남편과도 자연스럽게 대화를 나눌 수 있게 되었다.

"이렇게 맛있는 식혜는 어떻게 만들어요?"

"고모부가 직접 만드시게요?"

"예."

"실은 저도 잘 몰라요. 인터넷에 나온 레시피 몇 개 따라 하다가 하나 얻어걸린 거라서요."

그녀의 이실직고에 한바탕 웃음이 터졌다.

"이왕 먼 걸음 했으니 별일 없으면 명절 지내고 가지 그러나?"

양 회장이 사위에게 건넨 말이었다. 설 명절이 사흘 앞으로 다가왔다.

"말씀 감사합니다, 아버님. 저 휴간데 그래도 돼요, 어머님?"

장호는 내심 바라던 바였다. 대뜸 머리를 조아려 장인에게 감사 인사를 한 뒤 장모 정 여사의 허락을 기다렸다.

"안 될 거 뭐 있어. 남 서방 여독은 풀고 가야지."

"잘됐네요! 고모부 아직 장모님 씨암탉도 못 드셨잖아요."

정 여사 말에 둘째 며느리가 맞장구를 치고 나섰다. 맏며느리라고 가만히 있을 순 없었다.

"이번 명절은 저희 아파트에서 지내면 어떨까요? 고모랑 고모부도 같이요."

"그럴래?"

"네, 어머니. 이번엔 제가 해볼게요."

"그래라, 그럼! 맏며느리 솜씨 좀 보자."

시어머니는 물론 시아버지 얼굴에도 화색이 돌았다. 돌발적이긴 했으나 마음에 없는 얘긴 아니었다.

희중은 은연중에 아내 눈치를 살폈다. 해마다 명절 때가 다가오면 신경이 곤두서곤 했던 그녀였다. 집으로 돌아오면서 넌지시 의중을 떠보았다.

"당신 정말 괜찮겠어?"

"뭐가?"

"괜히 분위기에 휩쓸려서 사고 친 거 아니냐고."

"사고는 무슨. 동서 편하게 해주려고 그랬어. 가끔 형님 노릇도 하고 그래야지."

"나중에 딴소리하기 없기다?"

"딴소리 안 할 테니 당신이 내 기분만 맞춰주면 돼."

"어깨라도 주물러달란 얘긴가?"

"방법이야 쌔고 쌨으니까 잘 연구해봐."

연수는 의미심장한 웃음을 지어 보였다. 이제야 서로를 알아가는 기분이다. 사실 그 이상 더 바랄 것도 없었다.

좋은 생각이
좋은 말을 만든다

무심코 던진 말에도 백 가지 감정이 실린다. 덕담은 좋은 생각이 만들고 악담은 부정적인 생각에서 나온다. 진심으로 소통을 원하면 진심으로 대하면 될 일이다.

사람을 내 편으로 만드는 가장 좋은 방법은 내가 먼저 그 편이 되어주는 것이다. 맑은 눈으로 보고 밝은 귀로 경청하라. 어느 대목에서든 공감의 창이 열리기 마련이다. 경청의 제일은 그 마음을 상대로 소통하는 것이다.

그래도 가족

어머니 장례를 치른 후, 형제들은 일주일에 한 번 정도 저녁 식사를 함께하기로 했다. 부모님도 안 계신 마당에 얼굴이라도 보고 지내자는 뜻에서 시작한 만남이었다.

본래 그렇게 감정 표현이 풍부한 성격들은 아니었다. 부모님을 향한 어쩔 수 없는 그리움 혹은 안타까움이 말수가 적은 오남매를 수다스럽게 만들었다. 그것이 우리가 나눠 가질 수 있는 최대한의 위로였고 위안이었다.

문제는 그 끝이 항상 좋지만은 않다는 데 있었다. 원인은 누군가 무심코 뱉어낸 말 한마디 때문이었다. 어느 땐 형과 아우가, 어느 땐 자매끼리, 또 어느 땐 형제자매가 다 같이 감정이 상한 채로 헤어지기도 했다.

　돌아서면 아무것도 아닌 일을 두고 우린 만나면 싸우고 각자 힘든 시간을 보냈다. 그러다 일주일에 한 번으로 시작된 모임은 2주일에 한 번, 한 달에 한 번으로 점차 간격이 뜸해지기 시작했다. 그렇다고 형제간의 정이 무뎌지는 건 아니었다. 어쩌면 시간의 간격 그 이상으로 서로를 궁금해하고 깊이 그리워했을 것이다.

　상처받기 싫다는 건 그만큼 상대를 사랑한다는 뜻이기도 하다. 어쩌다 보니 한자리에 모이는 경우는 드물었지만 둘이 혹은 셋이 만날 때면 늘 함께하지 못한 형제의 안부에 마음 쓰곤 했다.

　엊그제는 모처럼 오남매가 완전체를 이루었다. 순전히 나만의 느낌일 순 있겠으나 이날은 분위기가 많이 달랐다. 나부터 형제들 마음 상할지도 모를 이야기는 입에 담지 않으려 나름 애썼다. 다른 때 같으면 '그게 아니지!'라고 태클을 걸었을 이야기도 '그럴 수도 있겠네'라며 대화의 공간을 열어두었다. 다른 형제들도 그랬다. 해서 이날은 아무런 충돌 없이 유쾌한 시간을 보낼 수 있었다.

　그렇다고 매일 좋은 날만 있지는 않을 것이다. 서로 다른 생각과 개성을 지닌 사람들이 대화를 나누다 자기도 모르게 거친 말이 나올 수도 있고 본의 아니게 상처 주는 말을 하고 후회할 수도 있다. 그래서 가족, 그래도 가족이다.

WeBook 위북은 '함께'의 '가치'를 소중하게 생각합니다.
독자 여러분들의 소중한 의견이나 투고 원고는
we-book@daum.net으로 보내주시기 바랍니다.

그렇게 말하지 말아요

아무도 상처받지 않는 가족의 대화법

ⓒ 위북, 2023

초판 발행   2023년 2월 1일

지은이   김석준

만든 사람들
편집주간   추지영
디자인   열두시반
마케팅   PAGE ONE
지원   김익수 김태윤 정현주 조이량
제작총괄   안종태
물류   북앤더

펴낸이   강용구
펴낸곳   위북(WeBook)
출판등록   2019. 10. 2 제2019-000271호
주소   서울시 마포구 포은로8길29 105호
전화   02-6010-2580
팩스   02-6937-0953
이메일   we-book@naver.com

ISBN   979-11-91618-22-8 (03190)